U0165828

改變城市的 —————— 設計思考

Design Thinking in City Making

第2版

鄭晃二 著

五南圖書出版公司 印行

前言

就造字的原義來看，「城」是指人們在圍牆內蓋了房子，並且用兵器保護的地方；「都」是有城門作為關卡阻擋外人的大城。後世的用法，有已故君王的舊宗廟的城才能叫做「都」[1]，「城」則有大城與小城，「都」只有大都；在慣用法上「都」字所指的集體居住規模顯然比「城」還要大。

城　　　　　都

「都城」兩字併用表示規模已經超過所有已知的城與都，通常是最高權力者或是政權集團所在地，依照周的禮制規定，距王城五百里的幅地通通劃歸為都城所屬。當代使用「都會」通常是表達經濟繁榮的狀態，英語有個字是metropolitan，翻譯成「大都會」。

1　《說文解字》：有先君之舊宗廟曰都。《周禮》：距國五百里為都。

英語city翻譯為「城市」，urban翻譯為「都市」，其實只有部分「信達」，city指的是人們居住的地方，urban則是用來表達集居生活的型態。都市（urban）一詞最早出現在十九世紀，用來敘述人口暴增的城市，中文慣用法以都市來指稱「較大規模的城市」。本書內文選字兼顧以上兩大原則，也考慮語意情境與慣用法，若有引用亦盡量尊重初始用字的習慣用法，例如：「都市規劃」、「城市規劃」、「都市計劃」與「都市設計」等。

一、城市之必要

城市是人類文明發展的重要場所，政治、經濟、社會、科技高度發展的匯集地。國家與區域發展來自都市，都市發展來自聚集的經濟，經濟發展則需要資源腦力與人力[2]。

都市生活需要好品質的物質與人文藝術環境來滋養，從質疑者的角度來看，以經濟發展為目的的政府對於都市的投資只是服務經濟的「交換價值」，目的在提高低收入者工作與生產的意願，換得民意對於執政者的支持，以及滿足超高收入的企業集團的政治投資。

城市可促成個人與集體經濟發展和幸福，雖然在城市會看到窮人，但是城市不會使人變窮，是人們被城市的機會吸引而來[3]。另一方面，城市文明也發展出各種制度，以調節經濟發展可能帶來的不公平情況，讓都市提供更多的公共資源給市民。

二、屬於市民的城市

無論個人或集團所享有的財富如何，城市管理者的責任是規劃並維持公共空間的品質，例如公園、道路、大眾運輸，以及各種藝文化設施，讓所有市民都具有享受與使用這些空間的權利。

這樣的都市空間除了都市中屬於公共土地的公共設施以外，還包含私人土地釋放出來的永久性開放空間（廣場、人行

2　Knox, 2019.
3　Glaeser, 2012: 13.

道、綠地等等）。這些空間的品質即是目前政府制定「都市設計審議原則」要求的範圍，不但如此，都市設計審試原則也對於建築物的造型、高度、動線、車道進出口等等詳加規範，以維持公共空間的品質。

三、把欲望關在盒子裡

　　人類社會存在各種資源不均與不平等，「烏托邦」與「大同世界」也許會短暫出現在一些地方，但是長久並且全面的實現，仍然是不真實的理想。

　　有人住百坪的豪宅，有人住六坪小套房；有人家裡有雙車位，有人連擁有一輛單車都是奢求。人生下來就不一樣，不論是透過努力還是依賴機運，每個人擁有的社會與物質資源大不同。有人說財富不均是文明進展的原因之一[4]，缺少資源的人想要擁有，擁有很多的人想要更多，於是，改變現狀的欲望，成為努力的動力。

　　希臘神話說道，普羅米修斯偷了火給人類使用，引起宙斯不開心。宙斯創造一位女生叫做潘朵拉，交給她一個盒子囑咐不得打開。但是，潘朵拉受不了好奇心的驅使還是打開盒子，釋放出人世間的所有邪惡：貪婪、虛偽、誹謗、嫉妒、痛苦等等。潘朵拉發現闖了大禍急忙將盒子蓋上，這一來卻把「欲望」[5]留在裡面。

4　張光直，1983。

5　希臘文原 Elpis 字有希望、欲望、不切實際的願望等意思。

為什麼這個故事特別挑出「欲望」不讓它亂跑？人類社會許多禍害，其實都是源自不切實際的願望，如果將故事中「持有盒子的人」看做一個隱喻，也許是在說「擁有決策權的人需要好好管理人類的欲望」，這個隱喻用在本書，則用來指稱規劃城市與治理城市的人需要負起的「責任」。

四、解決問題與創造性思考

　　普羅米修斯故事中的火，讓人類在天擇的環境中取得生存優勢。不只是火，人類發明不同工具控制惡劣環境維持生活品質。有人說文明是基於逃避各種災難的恐懼而創造出來的[6]，

6　Tuan, 2014.

各種相對先進的科技帶給人類社會更多福祉，但是，伴隨新科技而來的黑暗面，卻是對於相對落後部族與國家的剝奪，這種剝奪通常透過貿易或戰爭的手段。

貿易促進各地區人與物資的交流，知識與科技也隨著貿易而在各地城市間流動。城市是個動態的有機體，內部與外部因素，自然與人為因素持續變動中；城市的治理者常常面對新問題的挑戰，尋找更好的解決方案，這也是本書關注「設計思考」改變城市的核心課題。

從表面來看，城市的型態與空間是回應人類文明的各種創造以及解決問題的結果。空間型態是容易觀察的表象，而這些現象卻是諸多利害因素折衝之下的結果，要推究其原因，需要從其他的脈絡[7]來探討，才能透視深層與內在的邏輯；這些內涵即包含解決問題的策略或追求目標的價值觀。

從各種都市文獻中可以探究每個時期人們提出來的都市設計理論，集所有理論的大全可說是一部「都市設計史」，建立在歷史脈絡的前提來認識這些當下的思潮，可避免只看到都市空間型態之「去脈絡」危機。

五、城市的故事

歷史是當代的人對於過去的詮釋，需要做比較完整的鋪陳，但本書並非人類文明演化史，而是選取部分的重要事件與案例，當作認識城市設計的媒介。本書討論城市文明的範疇以

7　其他脈絡例如社會、文化、地理與經濟等。

商周與古希臘羅馬作為起點，旁及相關時空或相似案例；歐亞大陸與地中海沿岸城市為主要脈絡，再以全球各地重要相關案例為輔助。

我們聽到的故事內容，都是說故事的人挑選過的。本書提到的城市故事的時間與地理跟臺灣相關時，會將焦點轉移到與臺灣相關的脈絡或案例，這對本地讀者比較有共鳴，也可以就近安排參訪。

六、本書架構

本書內容透過筆者在臺北市立大學城市發展系以及淡江大學建築系講授內容編寫而成，共分六篇16講，設定為「城市概論」或「都市設計」課程講授或是自學之用，每個單元的資訊量適合兩個小時的講授或閱讀。

講師備課時可使用單元末附上的「關鍵搜尋」預作線上資訊整理，製作簡報檔案，講授到相關資訊時可進行線上連結瀏覽，進行課堂提問與討論。若安排校外教學，可參考「本地參訪」建議的地點自行規劃見學的重點。

本書也很適合讀書會或是專題「走讀」團體，透過閱讀、分享、參訪、回饋的組合，提高對城市文明的認識，並且可以擴大生活視角。

CONTENTS

第一篇

財主、國王與祭司

第
01
講

早期城市與空間

一、城市的形成

城市的起源很有多說法[1]，本單元以其中幾項來說明，一是早期市集交易所發展而來的，二是因政權拓展而建造的軍事據點發展而成的，三是宗教廟宇爲核心集居所形成的。

以下先以「市場」說爲例，早期人類透過交易互通有無，生產過剩的糧食物資透過商隊運送到交易所或其他部落，透過交換與貿易滿足物質需求而改善生活，也可以讓各地方人們的知識普及化，加速整體人類文明發展。

---

1 王受之，2003：92。

　　早期貿易的地點從很臨時的地點到固定的市集都有，有些臨時性的場所因地利之便，逐漸形成固定的市集，提供旅人休憩與補給的落腳處。當貿易的旅人與貨物量增加，趕集的頻率提高之後，人們興建更多房舍居住，形成聚落，乃至於成為城市。

然而，在缺乏強大武力保護、治安不穩定的時代，人們需要集體居住以便互相保護，共同抵抗外敵。初期在房舍外圍需要有木柵圍籬保護；越大的聚落其人口資源越豐富，更容易成爲外敵覬覦的對象，越富有的城市越要防範強大的外敵，也比較有財力將木柵換成石頭或磚造的城牆；財富、城牆、敵人，這三者的關係是連動的。

　　再看其他兩種城市形成的類型，「政權」與「宗教」爲驅動力量的城市也不出這個原則。政權拓展的城市常會優先建造軍事要塞，作爲維護安全的屏障，再漸次拓展範圍；宗教的神廟選址常常是在地理位置較高之處，或是在人力建造的巨大土臺之上，除了表現敬天的崇高氣勢，也將防洪禦敵的條件考慮在內。

前述這些城市型態是務實且理性的選擇，在很多早期人類聚落都可以發現這樣的配置。然而，3,000年前希臘人卻有不同的理念。

古希臘人對於城市的看法以亞里斯多德的說法為經典，他認為城市並非指一群人住在一個領地，用城牆保護著自己的型態，而是一群人基於「情感而選擇住在一起的」[2]，這個「情感」並非親情，指的是一種具備「城邦」作為生命共同體，彼此之間具有政治意識的情誼，用當代概念來說是「國族意識」或「公民意識」。

這樣說，並非希臘人居住的地方不需要城牆保護，古希臘軍隊發明的「方陣」戰術，以及有名的「斯巴達」的軍事武力都曾經威震一時，對於後世冷兵器戰爭有重大影響。就希臘人看待城市的角度來說，常備軍事武力是保衛城市文明的重要關鍵。

貿易、政權、宗教與公民四個不同觀點代表四種價值，在城市文明演化的腳步中，相對應的財主、國王、祭司、人民這四種人扮演重要的角色，各種城市空間也因應他們的需求而誕生。

二、城裡的四種人

財富不均產生的問題以及改善問題的努力，是古代文明的起源之一，物質條件也決定了國力的強弱。根據出土文物顯示

2　參考亞里斯多德《政治學》對於公民社會與城邦的定義，Barker, 1958。

華夏文明最早最會做生意的人是「殷人」，殷人自稱「商」。商這個字原始圖像是一個篷車的模樣，起源於作戰時，後勤補給物資的大型篷車隊。平時篷車隊往來四方，一邊進行軍事巡查，一邊進行交易[3]。

財主與市場

商的王國敗亡之後，殷人失去土地與政治權利，在周王治理下是否繼續發揮貿易長才不得而知，但「商」字卻成為貿易者的通稱。這個字用在指稱從事長途販運的人，即為「行商」，他們負責把產地的貨物販運到銷售市場；「賈」則是開設店鋪從事零售的商人，稱為「坐賈」，他們從行商那裡大量買下貨物，再轉賣給地區消費者。

圖1-1

交易的場所也是糧食物資匯集的地方，在這樣的場所出沒的人包含來自各地的商人以及他們的保護者，種植、採集、狩獵的人，販售與宰殺動物的人，以及勞動者等混雜的場所。

3　王泰權，2014。

市場對於統治者（王族、財主或祭司神職人員）來說，是個充滿風險的場所，一則是這些物資需要適當的武力保護，以免外人覬覦動手強取，二是這個場所人口雜沓，對於擁有地位財富的人來說，人身安全充滿不確定性[4]。

雖然有以上的顧慮，市場是很多市民出入的公共場所，城市掌權者有重大事情要宣布時，在市場貼公告或是宣讀可以達到直接訴諸市民的效果。

商賈累積財富成為財主，財主為了維護身家財產，僱用力氣強大、刀械銳利者來保護；對財主來說，管理兵勇不同於管理財富，那是另一種專業，與其自己管理，不如跟地區武力集團合作。於是，城市中的財主跟具備武力的統治者之間常常是互利共生的狀態，武力集團保護財主的資產與維持市場貿易穩定也是為了維護自己的利益。

王與王宮

武力集團常是由少數人或其所領導的一群人形成，他們具備的武力超越其他人，足以對部落中其他人具有控制的力量，也具備保護部落共同生活者的能力。

擴大範圍來說，許多部落的王共同接受某一人為「共主」，可以取得保護或是創造共同利益。武力集團的頭目是小王，勢力範圍越大就是大王，統治集團逐漸發展成為「官僚制度帝國」，最早出現在目前伊拉克一帶的阿卡德王國（2334-2192 BC）[5]。

4　有件史例可作為證明：秦王十二公子在咸陽市場被暗殺。

5　McNeill and McNeill, 2007: 65.

再以青銅時代商周爲例，殷人發源於巴蜀，是以巫術與貿易爲核心的民族，幾經遷移之後，約於3800 BC進入黃河下游一帶，人口眾多武力強大統治了數百年[6]；「周」原爲商王國在西方的附庸小族，負責控制位於更西的民族「羌」[7]，周人也從殷商學到最先進的宗教與科技，周滅商之後繼承殷人文明，改除部分祭祀、飲酒文化，更講究人、事、物制度化的「禮制」[8]。爲了拓展勢力而加封自己的親族，進行武力殖民拓展領地，形成以王族間隸屬或結盟的大小王國。

在周拓展勢力的時期，每個氏族以自己的王形成「農莊」，早期這樣的範圍就是一個「國」，以周國統治的地區來說，領地範圍中掌握權力者大多是同姓氏族之人，「王族」以外的其他人則爲「百姓」。

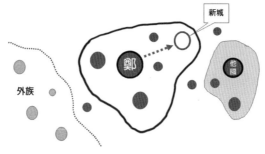

圖1-2　商周氏族城邦示意圖

6　王泰權，2014。

7　殷商是文字的創造者，擁有對其外族的「話語權」，造字「周」意思是「可用的人口」，造字「羌」意思是「像牲畜的人」。

8　《周禮》對於各種生活儀式禮制之詳細記載可爲佐證。

王與王族居住的地方需要特別保護，建築的型態與大小也必須匹配王的權力與財富。在目前中國華北一帶發現有數千大小城邑遺址，典型的配置都是外圍是夯土牆，內有夯土高臺，上有大木柱與朝南大門[9]。

目前考古發現最早的王宮在二里頭，時間為1680-1610 BC，大約是商的早期。長寬各六十公尺，規模不算大，主殿也只是個小屋，但以人口稀少的時代來看，已算氣派。

212 BC秦王建造阿房宮，後世考證遺址有十五平方公里之廣，司馬遷在《史記》上寫道：「先作前殿阿房，東西五百步，南北五十丈，上可以坐萬人，下可以建五丈旗。」晚唐杜牧描述皇宮規模：「覆壓三百餘里，隔離天日。五步一樓，十步一閣。」可見王宮之壯麗，千年之後仍有餘威。

圖1-3　二里頭（1680-1610 BC）

9　楊光直，1983：163。

祭司與神廟

　　早期聚落要面對敵人搶奪資源的侵擾，還會遭受自然災害造成生命財產的損失，在情感上需要一個「說法」來安慰自己的傷痛與恐懼。這可從兩個層面來看待，一是可以消除情緒不安，就像做噩夢的人透過說夢與聽解夢的過程，不安的情緒可以得到撫慰。

　　但是，如何避免厄運來臨？讓這些災害（乾旱、洪水、蟲害等等）不會再度發生？這就進入第二個層面：「消災解厄」。

　　不同年代、不同地方的人們有自己的宇宙觀[10]，在科學資訊不足的年代，人們用自己的方式解釋自然運作的道理。祭司（或巫師）的出現扮演良好的媒介角色，他們是早期人類社會「接近神明的科學家」，同時具有「心靈慰藉」以及「改變命運」能力之社會角色[11]。他的任務包括解釋天象、預測未來、控制行為，企圖用祭祀改變（或回應）自然對於人的控制。[12]

　　人民祭拜神明，奉獻金錢與購買物資供養祭司，祭司與財主之間也建立良好關係。王對於國家的治理，也需要祭司給予「專業建議」，有時王的地位必須透過祭司使用「神諭」說來安定人心，以維持統治的正當性。

10　Tuan, 1998.

11　這只能說是文化認知的設定，因為無法確認其真偽。

12　這樣的「工作內容」跟現代理論家很像，Max Weber認為理論模型具有描述、解釋、預測、驗證等功能。

再以殷商爲例，殷人是信仰巫術的民族，具有獨特的占卜文化、文字符號系統、銅鑄兵器、飲酒、（活人）祭祀爲文化的重心[13]。商王有貞人集團（女巫、女貞）提供宗教意見，掌握與神明溝通與獨占權力的地位，作爲社會控制的核心。

從神廟或宗教空間（建築與廣場）的規模精緻度，可見當時文明的進程，神廟規模的大小反應出當時城邦的規模。

6000 BC兩河流域南部埃里都遺址的發掘顯示，當時因爲灌溉農業豐產，已經有多餘的物資用於交換其他地區的食物（例如：農作、狩獵、畜牧產品等）或物料與手工製品。由此而產生社會分工，產生更多的人聚居生活，聚落發展爲城鎮，社會階級也會更加分明。

舉例來說，考古學家發現此一時期的埃里都有12座神廟建於同處，推測當時神廟已經成爲城市的中心，可見當地已經具備成熟城市所需的條件：分工與專業化的社會之雛型。

---

13 金文與甲骨文中「祭」的意思是「手持肉放臺上」。

「民」與「市民」

　　武力政權所統治的範圍包含集居的城市、散居的部落或農莊，以商周與古希臘時期為典型，概稱為「城邦」[14]。

　　以周為例，城邦中王的親屬家族、治理事務的官員、武力集團的專業人士、宗教神職人員等各有職稱[15]，除此之外都是「民」。這個分類有階級高低之別，與今天不同，當今社會每個人先是平等的人民，才兼具其他身分職稱。

　　春秋《管子》將人民再分為「士農工商」四類，認為這四大類的人民是國家的基石[16]。《穀梁傳》的分類是一樣的，只是順序不同，為「士商工農」。當時的原義只是分類，前後無優劣之別，後世則以前後順序表示地位之高下[17]。

　　在四民之下還有一種身分，在當時的社會地位真的比較不如了。比

圖1-4

14　本書採用古希臘與周的「城邦」一詞，雖然這兩個民族的城邦定義與內容不盡相同，為了方便認識，只取其相似的部分。

15　《左傳‧昭公七年》：「天有十日，人有十等。」即為王、公、大夫、士、皂、輿、隸、僕、臺。

16　「士農工商，四民者，國之石，民也。」

17　日本封建制度也採用「士農工商」四民的概念，另加入「賤民」類別，早期的用法無高低之分，晚期強調階級之別，「士」即為「武士」。

周更早的殷商時期，人民的分類有五種，稱為「五醜」，五醜指的是「士、農、商、工、賈」。

醜字為象形字，圖案是一個人喝醉了，臉都漲紅了，跪坐在酒甕旁邊；造字者也許對於人民嗜酒的品性不以為然。在人民以下還有一類人的身分是農僕，殷人稱他們為「類醜」。

春秋戰國以每個農莊氏族為基礎成立一國，在幾百年間各國互相征討，戰敗國之人被整併或投靠他國，在農莊中打工種田，替農莊主工作稱為「野人」（圖1-5），有名的「野人獻曝」即是說春秋宋國一位農僕的故事[18]。

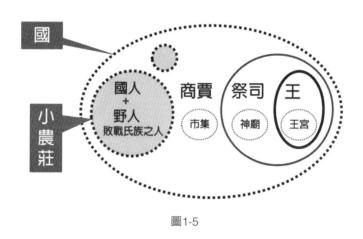

圖1-5

────────────

18 《列子‧楊朱》：「自曝於日，不知天下之有廣廈隩室，綿纊狐貉。」

商周社會農僕之人（類醜與野人）身分不同於當時希臘城邦或其他社會的「奴隸」，奴隸社會有「市民」[19]（citizen）與「奴隸」的區別，奴隸多為透過戰爭擄獲而來，在社會中不具人格權，是將人當作物品或牲畜的概念。

獲得自由的奴隸是「自由人」，雖然有部分自由，但權利與地位仍然受限，不同於市民。希臘城邦的市民擁有從政與參政權，屬於社會的高階人士；相較於此，周的「士民」的概念則用來指稱當時具備論述能力的「知識分子」。

三、城市文明四要角

有組織的武力是維持社會治安與成長的關鍵，宗教帶來政治與社會的穩定，祭祀與戰爭活動的需求促成工匠的專業化（禮具、兵器），貿易創造物質環境豐富，文明的儀式性、精緻化提升。

1. 「貿易與經濟」：物質與財富的追求（市集、經濟、稅收、土地開發）。
2. 「信仰與價值」：精神、理念的追求（宇宙觀、國族、永續、社區等）。
3. 「管理與安全」：躲避動亂與災害，福祉的追求（內亂外患、傳染病、極端氣候）。
4. 「生活與生產」：人民以農耕為主要食物來源，促進人口成長，有組織的人力維護灌溉工程與水利防洪（大禹治水、愚公移山）。

---

19 「士」的概念可看到兩個說法，《管子》：「其士民貴武勇，而賤利得。」《論語》：「士不可不弘毅，任重而道遠。」

■ 關鍵搜尋：甲骨文，青銅文明，希臘城邦，烏爾神廟，殷墟
■ 本地參訪：國立故宮博物院（臺北市），國立臺灣史前文
化博物館（臺東），國立歷史博物館（臺北市）

城市的權力與空間

一、掌權者的幸福與安全感

　　早期人類生活是充滿挑戰的，自然災害與人為侵犯隨時可以讓生命財產化為烏有，人類透過集居生活形成聚落與建造城市，建立比較安全的屏障。因應自然災害（暴雨、淹水、汙水、垃圾、瘴氣、獵食動物），與來自城市內部或外部的敵人進犯的風險，居住的環境會有不同程度的防禦屏障與空間品質。

　　有組織的群體透過各種方式（例如：繼承或是打鬥）出現領導者，此人的首要任務是維護自身與家族安全，其次才是協助管理的人與其他人的福祉。用簡單的區分來說，社會有統治者與被統治者，有權力的統治者擁有良好的物資、環境、建築與空間。這些人即是王族、祭司、財主等人，他們是在氏族、政治、經濟、社會方面有較高地位的人；至於權力光譜的另一端即是農僕與奴隸。

　　社會地位越高，權力越大的人，擁有越多資產，越擔心失去，這些人在城裡的居住地點，保護設施會比較完備。對有權

力者來說，住在高處或是受到層層保護的中心地區是最合理的選擇。

正因為這些考慮，早期城市空間品質跟權力關係成正比，空間與安全的關係從人類與環境相處追求福祉的經驗，可以看到發展出兩種空間關係：「金字塔」與「同心圓」模式。

金字塔模式

早期人類對於大自然十分敬畏，人們處在天地之間，越高就越接近神明、陽光與生命；越低越接汙穢、死亡、埋葬。就生物的特性來看，白天有陽光可以取暖，農作物可以生長，位於高空的太陽顯然有巨大又神祕的正向能量。

天上的星空對旅人與漁民來說是重要的方位指標，爬到高處，可以讓人取得保護，淹大水或是食人動物來襲的時候，住在越高處的人越安全；相反的，位在越低處的人越不安全。住在高處的人產生的垃圾、生物排出物、汙水等，往往是淤積在低下處，死去的親人也是埋在地下。

再舉存在第四維度「天堂與地獄」的概念為例，人們雖然看不見，但是在內心認為「天堂」是在天上雲端之間。臺灣民間宗教相信有「天帝」住在「天宮」；至於「地獄」則在地下，大概位於土層與岩漿之間。

「高與低」以及「上與下」之間的關係是人類認知，以及描述世界的態度，並非只是「物理性的相對關係」，而是帶有文化與社會意義的[20]。常用的名詞，例如：「上駟對下駟」、

---

20 Graham, 2020.

「上流社會」、「社會底層」等等，這些詞彙對於上下與高低的概念已包含了褒貶的意思[21]。

再用馬雅文明祭祀用的金字塔來看，祭司的位置最高，與來自天上神祕力量最接近，祭品被「處理」之後棄置於金字塔下方遠遠的土地（圖1-6）。

圖1-6

---

21 Graham認為在傳統地理學中所使用的地圖，甚至是附著在球體上的世界地圖（地球儀），僅是以二維的方式認知世界，其缺乏對於政治、經濟與各項權利在垂直向度上的呈現。在語言上，人們也會以垂直高度來隱喻社會地位與情緒反應，而通常「高」、「上」等形容詞表達的是較正面的涵義，反之「低」、「下」則有負面的意思，Graham, 2020:1 6-33。

同心圓模式

　　同心圓的防衛性概念從每個人身體經驗就可以理解，所有保護人身安全的裝備都是可以消耗的用品，穿輪鞋運動的時候，跌倒有護膝、安全帽；撞壞沒關係，人安全就好。

　　城市因應防衛需求所做的房舍安排，與冷兵器戰爭中隊伍配置都是同樣的道理。越重要的人安排在越中心，由層層「人牆」保護，越外圍越優先受災，越有權力的人住在越中心，外來侵擾者需要穿越許多屏障才能抵達中心。

　　不論是來自王國內部或是城市外面的對手，想要取得中心位置要付出比較高的代價。這個代價，會讓對手慎重考慮自己要付出的「成本」與換取的「效益」之間的關係。

　　對城市實體來說，同心圓是由城牆所構成的，每一環的厚度與高度不同，越接近中心越厚越高。

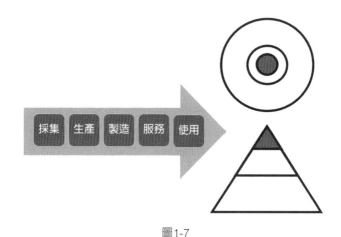

圖1-7

高大堅固的建築由王族、神職人員居住，也是武力優先保護之處，如果再結合地理高度，更可以提高保護屏障；人民與社會底層者（野人、奴隸）住在外圍。

再來看希臘與中亞的例子，希臘的「衛城」建造在高臺處，裡面建造神廟，是眾神「落腳」保護城市的地方。中亞城市則將神廟建造在最高的土臺，外圍再造一座高牆，保護居住其中的王室貴族，高牆之外則是社會地位低下的市民或奴隸居住的地方。

商周的城市則以王宮為首要保護的核心，第二層是王族、仕官與神職人員使用的地方，裡面有神廟與貴族居所，第三層是市民居住的地方，也是市場的所在，地位更低的人住在更外圍，受到的保護更少。依照春秋時期管子的定義：「內為之城，城外為之郭，郭外為之土閬。」保護人民的屏障只有土堤。

控制與治理

人民採集種植、狩獵畜養，生產製造的食物、用品以及人力的服務，優先提供同心圓中心與金字塔頂端，擁有權力者使用分配，依序擴散到外圍與底部的人們（圖1-7）。

食物、飲水與用品等資源要從金字塔的底層或是同心圓的外圍輸送到中心需要較多的人力，這對管理者來說卻是生死存亡的優先項目，換句話說，管理者必須透過實質的武力、財富或信仰的控制，來達成這種消耗能源的資源分配方式。

對於權力頂層的人來說，取得並累積食物是很務實的目的，國王透過武力集團的威嚇或保護，換取「貢品」（後世的

概念稱為稅收），國王擁有糧食可以養活更多的軍隊；這種武力集團對於財主的控制十分強大，已經不是綠洲或驛站財主所僱用的兵勇可以相提並論。

祭司透過消災解厄或下咒降符的儀式，換取人們提供給神明的「祭品」，中世紀羅馬公教對人民抽取「十一稅」，以及現代宗教透過教義要求信徒提供資金，都是類似的思考模式。究其根源，都是人類出於恐懼[22]以及希望追求幸福的努力。祭司累積財富也可以增加人手來保護自己，少林寺的出家眾練武自保圖個平安，日本戰國時期「一向宗」僧人在各地寺廟串聯，與織田信長對戰十年，可就足以撼動政權。

若是國王政權與祭司宗教兩者的力量結合，可以更有效控制經濟與財富，北朝（386-581）以佛教統治國家，百姓投入財富與心力禮佛建廟，達到空前之境；歐洲大小王國在教宗號召下，兩百年間（1096-1291）在中亞地區攻打掠奪，與其說是宗教戰爭或文化與價值觀的衝突，其實經濟目的更為明顯，歐洲自稱正義的「十字軍東征」，在被侵擾的人來看是「法蘭克之亂」。

---

22 Tuan, 2008.

圖1-8　羅馬萬神殿天窗的光彩顯神的旨意

二、市民的城市空間

　　早期住在城外的市民社會地位不高，享有的都市空間也有限，當代社會認為習以為常，視為理所當然的都市開放空間，依賴的是十九世紀以來社會民主化，人民權利提升的結果。

　　歐洲很多市中心的廣場，典型的布局一端是市政廳，一端是教會；現在則是觀光客的參訪地，有露天咖啡，有假日市集，有活動有表演，很浪漫又充滿幸福感的場所。

　　但是，這些廣場當初建造的目的並不是要提供市民使用的，當年這樣的廣場是國王（城主、鎮長、領主或郡長等等）與宗教領袖用來彰顯權力的地方。凡是校閱武力、登基加冕、皇族婚禮、處罰罪犯、處決對手或異教徒，廣場就是展示王權與教會威信的場所，人民參與這些活動的目的是「被震懾」，以便「認識自己的地位」。

圖1-9　荷蘭舊皇宮前的足球賽

　　雖然如此，在人類城市文明史中並非沒有例外。歷史上曾經出現過一個獨特的時代，城市空間並不完全是為王族神職人士所建造的，而是為了市民，這要再來看一下古希臘曾經存在幾百年的市民城市。

公民的城市

古希臘城邦人口不多，一般小型城邦只有數千人，最大的城邦如雅典和斯巴達，在最鼎盛的時期可能達到數十萬人口。希臘地理條件不佳，土地貧瘠，也因此希臘的外敵不多。戰爭需要經費，耗費寶貴的糧食與人力，很少人願意花力氣去攻打或占領比自己貧瘠且沒有資源的地方。

亞里斯多德認為：「以一人之統治為君主政體，少數人之統治為貴族政體，多數人之統治為民主政體。」篡奪法治自行攬權的獨裁者，稱為「僭王」（tyrant），是篡奪王位的人，又翻譯成「暴君」。

歷史上常見有人在軍隊支持之下控制政敵，自己封王，得到祭司加持，再與財主為了共同利益合謀，成為僭王。這種情形是古希臘人所極力反對的，他們是人類社會很早期就具有「公民意識」的民族。

我們來看一下這個民族的城市空間——市集，希臘人的市集不單是一個買賣東西的地方，它指的是一個開放的「廣場」。人們可以去兜售或購買商品，也可以去閒逛，碰到認識的、不認識的人都可以閒聊，也隨時有人聚眾演講、傳播或推銷自己的學問[23]。

相較於議事場是用來進行辯論、公會堂進行投票等正式化的場所，廣場是開放且自由的場所。就一個強調公民意識、

23　Sennett, 2003.

厭惡僭王的古希臘社會而言，城市空間理應提供公民自由享用，城市會有神廟、公會堂、劇場、議事場、廣場、圖書館等設施。

　　再用以下這兩張圖來比較埃及文明與希臘文明在神廟外部空間的差異。上圖是埃及神廟示意圖（圖1-10），用高大的石牆環繞，神廟中間有許多層柱列，進入了廟門就是進入神的空間。

　　下圖（圖1-11）是希臘神殿示意圖，神的空間也由高大的石牆圈繞，但是柱列卻在高牆的外圍。這種建築物外的柱列空間，就成為人的空間。

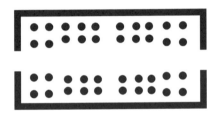

圖1-10

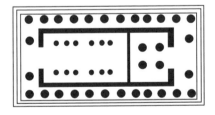

圖1-11

亞里斯多德說：「人們為了生活來到城市，為了生活得更好而留在城市。」[24]這個理念透過出身馬其頓，亞歷山大帝國的拓展，得以在新打造的城市之中實現。

亞歷山大在新征服的領地建造新的城市，讓士兵屯墾並與在地人通婚，現代城市文明的概念也隨著亞歷山大的帝國拓展到中亞、埃及、印度等地，這是希臘文化拓展的時代，史稱「希臘化時期」[25]。

消失的市民

希臘人這種「追求更好生活」的理念進入羅馬時期仍然繼續存在好幾百年，等到帝國滅失之後，各部落透過結盟征戰成立王國，城市又成為王族、富商、神職人士所獨享，他們的權力再度主宰了城市空間的型塑。

當王國政權還不穩固時，最重要的事情是「生存」，耗費人力建造的渠水道或排水溝並非優先項目；羅馬人的競技場、公會堂等建築的石頭是現成且良好的建築材料，可以拆下來蓋房子居住或建造城牆。於是，許多國王對於城市經營回復人類原始部落的思維，在高度生物性驅使下回歸到金字塔或同心圓的空間思維。於是，希臘羅馬文化幾百年來「市民城市」的理念跟著消失。

---

24 《政治學》（關於理想城邦），第二卷。

25 希臘化時期（323-146 BC）。

公民意識要等到「天賦人權說」出現才又再次浮現契機，天賦人權說主張人具有天生的生存、自由、追求幸福和財產的權利。將這樣的理念應用在城市空間來看，城市優質的生活並非只提供給貴族、資本家、神職人員。真正落實到城市空間的時間更晚，大約在十九世紀中。

空間與地方

統治、戰爭、勞動力的需求讓社會呈現階級化，不同文化圈都有類似的結構：上層爲王族與祭司，中層爲治官仕人，下層爲勞動生產者，底層爲類醜、野人或奴隸。越接近上層者，地位與財富越多，越享有安全、高度防衛的空間。

空間是對抗入侵者的防護及隔離措施，地方是滿足生理需求與感覺價值的所在[26]。人在空間裡移動，居住在一個地方[27]。「空間」與「地方」相對應來說，就是：高度公共利益與秩序主導的城市vs.自由發展的鄰里關係組成的城市[28]。

具備情感連結地的「地方」，適合人際關係依託的活動；無特定性格的「空間」，適合匿名性的逃避與漫遊。戰爭、瘟疫，只會讓人短暫地留在家中甚至離開城市，但是人們終究會回到城市的。

---

26 Tuan, 1977: 2.

27 Sennett, 2018: 52.

28 Sennett, 2018: 87-119.

■關鍵搜尋：四大古文明，希臘衛城，羅馬渠水道，盤龍城
■本地參訪：東門城（新竹市），北門城（臺北市），左營城（高雄市），恆春城（屏東縣）

第
03
講

理想城市的原型

　　本單元介紹經典的城市原型，以周與羅馬爲主，旁及古印度的思想。

一、周的城郭

　　古人造「邑」字是指一個圍起來的地方有人，「郭」字是指圍起來的地方有房子，「城」字則是在郭字的右側加了一把武器，表示加上兵器保護的意思。後世用法「城」有兩個意思：1.城牆，2.城市。《說文》一書用「容器」當作比喻[29]，「城是用來裝人民的容器」，這與歐洲語系的city或是ville所指稱的概念很不同。

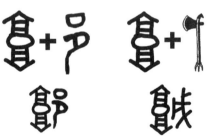

圖1-12

29　《說文解字》：「城以盛民也。」

周擊敗商成爲統治者之後，周王加封貴族，以「城」、「邑」爲據點進行武裝殖民[30]，在充滿敵意的環境中，屯墾的農莊即是武力的據點。

　　以防禦爲目的而建城，必須先有糧食、有人、有武裝士兵，再有城牆保護，這些條件都具備了，就可以保住地方[31]。

　　據點的大小端視人口的多寡，小規模的只是農莊，大規模則爲城。周人定居之後，先築堤造牆保護所有人，牆內再蓋王宮保護統治者與王族，並蓋莊嚴的宗廟作爲精神依託。

　　周人的「城」有兩層，內圈叫做「城」，外圈叫做「郭」；郭圍起來的範圍稱「國」，住在郭內的是國人。[32]

　　小城「三里之城，七里之郭」，大城可以十倍以上。根據《周書》記載，1100 BC周滅商後做大邑，立城方6,620丈，郭方72里。滅周的秦王造咸陽城規模更大，東西12-15公里，南北15公里[33]。

30　杜正勝，1979。

31　《管子‧權修》：「地之守在城，城之守在兵，兵之守在人，人之守在粟。」

32　杜正勝，1979：28。

33　王受之，2008：104。

選址建城

殷商注重巫術，每事都要問神明[34]，周建國之後將占卜簡化，只有大事才問神。建造城市就是大事，周成王即位以後，想要在洛陽營建一座新的城池，便讓召公前去視察，召公到了洛陽後，在洛水和汭水兩條河交匯的地方選了一塊平原，建城之前先由祭司進行占卜，求得好卦之後才動工。[35]

東漢以來關於城市興亡採取地理風水運勢之說，真正原因是經濟與氣候。民以食為天，將寶貴的人力用在種植生產糧食是第一優先，如果氣候不佳歉收，導致飢荒致生民怨；公共衛生不佳產生疫情，人口減少，沒有物品可以交易，經濟蕭條更無法支撐軍事武力等問題，這些現象與問題都是連動的。

人們對於鬼神敬畏之心，加上神祕學說引導所創造出來的宇宙觀，雖然多有附會但並非沒有根據。舉例來說，自古建城選址「山之南，水之北謂之陽」，城市所在地的地理條件決定了氣候因素。

從地理環境來看，商周文明的發跡處在地理條件良好的地方，古都西安、洛陽等這些城市的北方都有高山屏障，可以阻擋冬天來自北方冰冷的高氣壓；建城在河的北方避免冬天北風將水氣吹進城裡，夏天吹南風，可帶來溫暖的溼氣。

---

34 做事之前燒龜板或獸骨確認吉凶，再將求問的事情與占卜結果刻在上面，後世考古挖出來的甲骨發現文字，這就是「甲骨文」的來源。

35《尚書‧召誥》：「太保朝至於洛，卜宅。厥既得卜，則經營。」

後世地理風水說則以「穴位」當作最核心地點，這是將環境「擬人化」的論述。好的「穴」有良好的環境保護，將環境用擬人化的觀點來看，就像一個人穩穩地坐在椅子上保護著這個穴，而穴的位置，就是人讓子孫繁衍的生殖器官的位置。地理風水之說不論用在城市規劃、建築座向（例如：廟或宗祠）或墓地選址，都是依照這樣的理念。

齊國管仲對於建城選址則有獨特的看法，他的論說「度地」大概是已知文獻中最早關於「敷地計劃」（site planning）的理論。他認為新城選址的原則，應當是「向上不要靠近高地，要有充足的水源；向下不要靠近潮溼低窪處，可以省去建造排水溝渠。」[36]文獻記載管仲與齊桓公的對話，他說：「國有五害，水旱風厲蟲。」其中又以水害為最大，西周時期許多城市已有排水系統，後人記載「循行國邑，周視原野，修利堤防，道達溝通。」[37]

王城

周人很在意社會關係、儀式、器具等的體制，《周禮·考工記》裡面記載關於城市的規制：「長寬各九里，每一邊有三座城門；城中縱橫各九條道路，每條大道可以容納九輛車並

---

36 《管子·度地》：「高毋近旱而水用足，下毋近水而溝防省。地高則溝之，下則隄之，命之曰金城，樹以荊棘，上相穡著者，所以為固也。」

37 《禮記·月令》。

行；王宮左側是祖廟，右側是社稷廟；王宮前面是上朝的地方，後面是市集，市集和朝各百步見方。」[38]

從西周起嚴格按照這個制度來建造城池，其中有一幅圖，名字就叫做「王城圖」。

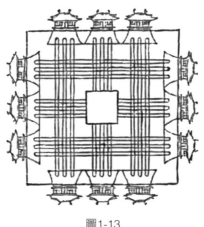

圖1-13

這種理想的布局在秦王造咸陽的時候不再依循，改採不對稱的布局，後世建城加入其他考量因素，但不出王城中心與對稱等大原則。唐人建國之後國力強盛才又採用王城理念建造長安城，多年後蒙古人在當今北京蓋大都，明清繼續修建成為今日紫禁城，配置與王城的理念很接近。

---

38 《周禮·考工記》：「匠人營國，方九里，旁三門，國中九經九緯，經塗九軌，左祖右社，前朝後市，市朝一夫。」

圖1-14　今日西安城落日景象

二、羅馬的榮耀

　　古羅馬人發跡於義大利半島東側，相較於浪漫的希臘人，他們具有務實的農夫與工匠體質，發現遠方哪個部落可能會對自己產生威脅，就先行整兵帶糧，遠征將對方打敗收編，以免對方將來壯大滋生後患。

　　因為這些征戰歷史，一般對於古羅馬人的印象是他們的軍隊很強大，然而，他們對文明的貢獻卻不是攻城掠地的強大軍隊，而是建築。

從語源學上講，拉丁詞「建築」是從希臘語的「領導」和「建設者」派生出來的，凡是與建設、工程相關的都稱爲建築。在君主立國的年代，舉凡城市重大建設的資源都是來自掌權者，擁有專業知識的人才通常是被官方或軍方聘用[39]。

　　羅馬工程師最早使用「水泥」，這種土的成分是火山灰，把石灰和火山灰混合起來成爲建築原料，可以將泥土碎石變成堅硬的土石塊，只是不能搬運也不能當作橫梁，否則會斷裂。

　　羅馬人對於在機械、建築、土木、水利工程的專長創造了強大的國家。300 BC羅馬共和到帝國之後的150 AD之間是最強盛的時期，國家版圖不斷擴大，持續建立新城市，城市文明的發展在這個階段最爲輝煌。

---

39 將都市、景觀、土木等專業加以區分是很現代的事情，以土木爲例，engineer 本來只有政府或軍方專屬，civil engineer原意是「民間」或「市民」的工程師。

圖1-15 羅馬市區遺址

建城選址首先尋找地勢較高且平坦的地方，排水良好沒有滯留的死水，再經過祭司宰殺動物尋求神諭的儀式加以確認。建造城市時派遣軍隊駐紮，先在中央區興建軍事要塞，建造南北道路為天軸，東西道路為地軸。

為了維持要塞的安全，先砍伐木頭建造高大的木柵，等到「勞動力供應充足」[40]之後，再興建石材打造的道路、引水渠道、下水道、公共建築等。

扣除公共設施，城市還有很大面積的空間，再以小街道切割成為矩形的小街廓，提供貴族開發為住宅區換取財富。城市或要塞之間用石板大路（Roman Road）連結[41]，用來通行軍隊與商隊，是貿易與軍事的重要命脈。

根據考古的調查發現，早期羅馬人的城市並沒有城牆，一直到西元前五世紀中才出現土堆城堡，386 BC起遭受北方凱爾人入侵才出現石牆[42]。

對羅馬人來說城市建設的基礎，並不是高大的城牆，而是跟公共衛生息息相關的水利設施。渠水道引來乾淨的水，馬路底層有下水道。根據古羅馬城市遺址的發現，多人使用的公廁以及貴族家中的廁所下方有汙水排水道，足以證明羅馬人是環境公共衛生的先驅。

建築十書

40 勞動力的來源通常是透過征戰擄獲的戰俘，或是外族的村民。

41 羅馬路（Roman Road）在軍事上的功能很像周秦時期興建的長城，目的是在通暢的大道上運兵。長城稱為城，實際功能是牆上的道路，只有重要據點有守軍。

42 Smith, 2021: 151-152.

圖1-16 羅馬市區的噴泉

30-20 BC維特魯威（Vitruvius）編寫《建築十書》，內容包括城市、建築概論、建築材料、神廟構造、希臘柱式的應用、公共建築（浴室、劇場）、私家建築、地坪與飾面、水力學、計時、測量、天文、土木、軍事機械等。

維特魯威為建築設定了三個主要標準：「堅固、實用、美觀」，他認為建築是對自然的模仿，正如鳥和蜜蜂會築巢，人類也用自然材料造建築物保護自己[43]。舉例來說，建築的石柱原本的功能只是支撐橫梁與屋頂，基於美觀與心理的需求，又依照人體比例發明各種柱列的造型。有人根據他的描述畫一個完美的正方形與圓形疊合的圖案，再將一個人四肢張開的圖案放在正中央，肚臍對準方與圓的中心[44]。

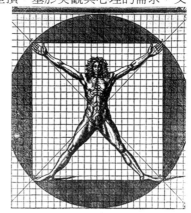

圖1-17　維特魯威的人

43　Firmitas, utilitas, venustas.

44　後來達文西依照他的描述畫了《建築人體比例圖》（維特魯威人），在代表宇宙秩序的方和圓中，放入了一個人體。

以前的人認為肚臍為一切的中心，古印度哲學理念「曼陀羅」圖形在正方形之間畫一位盤腿而坐的神人，他的肚臍就在正方形的中心點（圖1-18），這圖用來表達「居住在場所中的神靈」，也成為城市規劃的原型。

　　為什麼肚臍這麼重要？這是人類對於生命源頭的觀察，初生嬰兒生命透過臍帶與母親相連，顯然肚臍是產生生命的重要位置，植物結果實也是透過「蒂頭」與「母枝」相連。用這個認知以擬人化的觀點來看待人類的聚落，認為聚落有個「中心位置」主導了大家的身家性命，只要與母親連接的「肚臍」位置選對了，氏族就能夠繁延壯大。

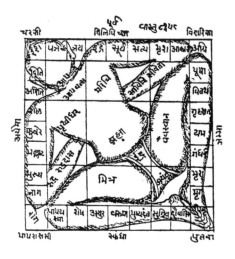

圖1-18　居住在基地上的神靈
（圖片出處：Lynch, 1987: 76）

貿易，武力，宗教

　　城市的核心是什麼？《周禮》王城圖看起來答案是「王」，古希臘人說是「神」，古羅馬人說是「人的肚臍」，古印度畫是「神的肚臍」。這些觀點反應當時人們的宇宙觀，以及用來統治國家／城市者需要的論述基礎。

　　在神權與王權時代，有人當王，就有人死亡；得道者總是認爲「如果不是神明指定，我不會有今日的成就」[45]。

　　華麗的王宮彰顯權力財富，高大的城門威儡敵人，巨大的神廟讓人民敬畏。國王聽政的椅子或是睡覺的床，依然是權力中心的象徵位置，從當代紫禁城與凡爾賽宮的配置可以看到當時擁有權力者的世界觀。

　　當權者對環境與人民的經營，透過貿易、武力、宗教三個面向的力量，時至今天，這三者的因素並未消失，而是在原本的三角關係中，增加了其他重要的角色（圖1-19）。

---

45 神賦說或是天選說。

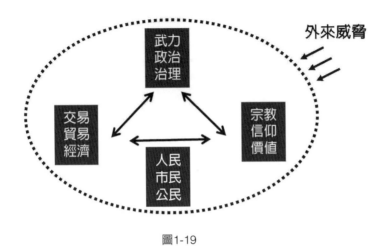

圖1-19

■關鍵搜尋:巴比倫城,紫禁城,凡爾賽宮,維特魯威
(Vitruvius)
■本地參訪:自由廣場(臺北市),總統府前廣場與凱達格蘭
大道(臺北市)

第二篇

戰爭與和平

貿易拓展的城市

　　貿易路線上的大城市常成爲附近聚落糧食物資的集散地，透過交易得到的物資也可以供給鄰近聚落的需求。除了糧食以外，金屬礦物煉製的各種器具、棉絮絲綢製作的布料衣服都是重要的經濟物資。

　　掌握貿易通道上的據點有很多好處，首先可以累積財富獲利，平時可以抽稅購買兵器聘僱人手。再者透過累積財富與武力，戰爭時期可以打擊對手，也可以阻止對手取得糧食物資，長期下來可以控制對方的經濟與政權[1]。另外，貿易也帶來文化交流，是最新知識技術的窗口。

1　舉例來說，李氏立國唐之後（618-907）不再修築長城，江南農收穩定，國家武力有效控制西域一帶，與中亞歐洲貿易往來繁盛，國力為當時世界之最強。

一、歐亞貿易通道

貿易據點發展成為城市必須具備一定的條件，如果位於河川、海港等具備水源或是交通便利的地方不容易防守，會在附近另造城牆，保護主要政治文教地區。例如臺北城外大稻埕，以及臺南城外五條港都是貿易地點，都不在初始城牆範圍內。

早期絲路114-127年東起敦煌途徑吐魯番，往南到印度；進入兩河流域之後往南連結埃及，往北進入歐洲。四大文明發展起來的城市都在這條路線上，透過貿易、人與物品的交流，位於重要貿易路線的城市快速發展，但也很容易成為各方覬覦搶奪的對象。

以下用幾個位於這條貿易要道上的城市為例來說明，一是位於河西走廊的沙洲（現今敦煌），二是義大利北部威尼斯，三是位於歐亞交界地區的君士坦丁堡（今伊斯坦堡）。

靜坐在洞穴中的佛像

在這條貿易道路上中間有數個重要的宗教地點，它不是因為政權或是軍事的原因所形成，也沒有牽涉大規模軍事行動。古代在河西走廊曾有個沙洲城，在今日敦煌市區仍可見以土磚打造的舊城遺址。

城市不遠處有名的佛像洞窟，是數百年來旅人基於敬天畏神的心情，透過雕塑與繪畫佛像所建造出來的特殊地景，有些大型的洞窟中藏有巨大佛像與壁畫，是王室聘僱專人製作。

在氣候變化不定的環境中，夜間低溫極寒，白天豔陽極乾。就算具備現代的交通工具，黃沙土丘不是凝雪就是融冰流沙，令人感到生命渺小。幾千年之間旅人走過這一帶需要駱駝負重物與自己的兩條腿共同努力，宗教信仰成為離開文明社會走進荒野時重要的精神寄託。

河西走廊在長年雨季大水沖刷之下形成河谷兩岸峭壁，人們在峭壁上挖山洞，信眾在洞穴中建造佛像以及繪製壁畫，僧人則在洞穴內隱居生活。

沙洲城雖有短暫王國，但是河西走廊氣候變化劇烈，乾冷氣候不利種植，生活太不易。在304 BC西涼短暫設立政治中心又廢除之後，總是依附在來自外部民族的控制之下。

圖2-1　沙漠中的綠洲月牙泉

停泊在漂浮的海上城市

中世紀義大利半島沿岸的城市因為海運貿易的發達，加上1096-1291年八次大規模以「收復聖城」為名的戰爭，人員物資源源不絕地從西歐各地來到義大利沿海城市搭船前往中亞。試想，船隻載運軍隊到了目的地卸下了兵馬盔甲，不會空船回頭，而是在當地購買從東方貿易路線運來的香料物資回來販售，再賺一筆。

這種海運經濟造就海岸城市經濟發達，其中又以威尼斯城為核心的威尼斯共和國，在九世紀到十四世紀之間累積大量財富。當時出現了一種神祕的建築風格，威尼斯廣場周邊的建築最為經典，財力雄厚的商會才能負擔得起這種新式風格的建築。

這一波設計風潮跟著征戰隊伍回到西歐各大城市，又以巴黎教堂引領風潮之先；相較於羅馬的圓拱，新建築的尖拱建築結構與形式都有顯著差異，支撐高聳主體建築的「飛扶壁」工法是歐洲人前所未見，牆壁上高聳的彩色玻璃令人感到震懾與敬畏。

大約在十二世紀到十四世紀兩、三百年期間，這種建築風格在西歐各大城市陸續出現，每個城市中擁有大量財富的教會紛紛蓋起高聳的教堂。新工法創造了更高的建築，越高的教堂越能展現教會的財力，影響所及在幾百年後這種風格仍是教堂的重要語彙。

當時人們將這種建築樣式稱為「法國式」[2]，有一種新風格的意義；十四世紀進入文藝復興時期，更多以古羅馬語彙為依歸的風格出現之後，又有人使用「哥德式」、「野蠻式」[3]來區別這些來自外地的建築風格，具有負面與看輕的意涵。

圖2-2　威尼斯的哥德式教堂

神廟、教堂或清真寺

伊斯坦堡／君士坦丁堡位於地中海沿岸，屬於土耳其的伊斯坦堡位於陸路貿易進入歐洲的重要據點，也是黑海對外連通的重要港口。

用這座城市的故事來說明貿易、政權與宗教的關係。286年羅馬帝國分裂為東西兩部分，西羅馬於476年被來自北方的敵人消滅，東羅馬帝國仍然沿用羅馬的國號與紀元，因為王國語言文化都受希臘文化影響，宗教屬於東正教，歷史學家稱為「拜占庭帝國」。

2　Opus Francigenum.

3　喬爾喬瓦薩里在《藝苑名人傳》以「野蠻的日耳曼風格」來形容這種建築風格。

早在325年君士坦丁大帝為了奉獻智慧之神而建了神廟，後因天災和戰亂而損毀。信奉羅馬公教的查士丁尼大帝在537年改建完成，由中東大主教「聖化」，稱為聖索菲亞大教堂，它不僅用作宗教儀式，還當作皇帝舉行重要國儀的場所。

　　1204年來自西歐的遠征軍本來是要去耶路撒冷，從敵對的民族手中搶回聖城，遠征軍到了威尼斯，轉向北方攻打君士坦丁堡推翻當時的政權，重新擁立一位拉丁裔的王，取得累積千年的財富與絲路上的貿易重城，國家的信仰成為羅馬公教，這一次遠征就到這裡結束了[4]。

　　這個城市的坎坷命運並未因此結束，羅馬人建立的政權經過兩百年，1453年被來自東方的鄂圖曼土耳其攻破，聖索菲亞供奉的神明再度更換，教堂改為清真寺，周圍加蓋了四座高大的喚拜塔[5]。

　　這一波來自東方強大敵人的攻擊，使得具有千年歷史的古老帝國出現遷移潮，逃難的貴族與宗教人士攜帶大量的珠寶、藝品與古籍流浪到西歐各地，這下子沉睡多年的文化資產在短時間內大量浮現，令西方大為驚豔，彷彿陷落黑暗的羅馬文明再次回到光明人間。

4　歐洲史稱為「第四次十字軍東征」。

5　伊斯蘭教每日例行五次禱告，沒有鐘錶與廣播的年代，禱告時間到了，有專職的人爬上社區或是城市的喚拜塔，呼喚大家進行禱告！

圖2-3　佛羅倫斯市區

文藝復興

　　十四到十七世紀期間出現具有特殊風格的文學、音樂、美術、雕刻、建築作品，學者將這一階段稱為「文藝復興」時期。雖然稱為「復興」，但是人們沒有回到過去，反而創造了未來。西歐陷入黑暗中世紀的時期，來自東方文明相對優異，歐洲透過貿易得到的科技與藝術知識，累積了這一段時期文化大提升的能量。

　　在教會、政權與經濟三者結合之下，藝術成為財富與高度文明的象徵，創作者得到貴族強力支持，而出現高度藝術成就。最為經典的是出身義大利佛羅倫斯的梅蒂奇（medici）家族，這個政治世家善於理財，又積極投資教會，家族成員共出了四位教宗，更可以保護家族的政權與經濟利益。

　　建築、都市空間的表現也突破幾百年來黑暗籠罩，影響後世數百年[6]。當時有多位藝術家具有傑出表現，例如人稱「文藝復興三傑」的達文西、米開朗基羅、拉斐爾。

　　其中達文西將維特魯威繪製的位於方圓之間的理想比例圖案加以修正，將「方」的位置往下移動，讓這個人的肚臍維持在「圓」的正中央，手指與腳趾尖碰觸到圓，減少維特魯威那張圖中的人像是被五花大綁的辛苦樣貌；新的維特魯威人站在方圓之中，顯得自信十足，氣宇非凡（圖2-4）。

6　臺灣日治時期的初期，日本殖民政府為了跟歐洲擁有殖民地國家一較高下，興建官方建築也採取這種風格，例如現存總督府、新竹、臺中、嘉義火車站等。

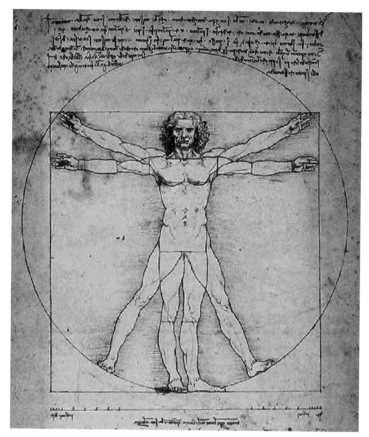

圖2-4

　　十五世紀中土耳其成為君士坦丁堡領主，控制地中海的
航權。西歐的西、葡、英、荷等國家透過航海路線，掌握與印
度、中國的貿易；義大利城市的經濟主導地位逆轉，經濟消
退，只能輸出建築、音樂、美術等。

二、航海貿易造就的城市

本節介紹數個海洋貿易的民族與重大事件造就的聚落與市鎮，時間涵蓋早期南島語族與腓尼基人、歐洲中世紀的北方人（維京人），以及十五世紀大航海時期。

早期航海民族

南島語系民族在3000 BC-750 AD之間移入臺灣生活，最早抵達的族群大約在一千年之後又透過海洋航行，陸續移居到目前夏威夷群島、復活島、菲律賓、印尼、馬達加斯加島一帶，研究者根據語言譜系與文化研究，推論出南島語族的遷移脈絡。以這一地區每年七到十月的颱風氣候，以及當年的造船技術來看，這個時期雖有捕魚的小船，應該以短程少量貿易為主。

地中海腓尼基人（2500-539 BC）在地中海沿岸、黎巴嫩、敘利亞、西班牙以及北非沿岸建立許多據點，航海交易造就了城市的經濟與人口成長。腓尼基人在當今利比亞一代建立的迦太基王國一度對羅馬王國造成威脅，直到146 BC敗於羅馬。

北方人來了！

在790-1066年期間世居當今丹麥與挪威、瑞典南部一帶的民族，開始對於歐洲海岸與水岸城市進行掠奪與貿易，他們對於倫敦、巴黎、基輔等城市有很大的影響，當時通用的概念是以地理相對關係稱「北方人」（Northman），後世學者採用古英語命名為「維京人」。

維京人控制經濟與政權兩百五十多年，但也陸續被他們所掠奪的人所同化。他們一方面改信羅馬公教，另一方面落地屯墾成為農夫；當他們開始建造教堂、聚會所，發展為城市之後，他們也成為別人掠奪的對象，終究被更強大的王國所合併。

　　在沒有國家保護的時代，海岸城鎮發現船隊靠近海港，需要先確認對方是來做生意還是要來掠奪，經貿發展越好的海港聚落越需要武力保護，城牆要蓋得更高更堅固；進入城市的河川兩岸或是河中央需要建造塔樓，彼此之間用鐵鍊連結，敵人船艦來犯的時候，將兩座塔樓之間的鐵鍊拉起來，阻擋船艦通行。

建造大船大航海

　　早期來自東方的貨運走海運，走紅海進入埃及，由威尼斯人商隊獨占貿易權，賣到其他各地的過程都要加上層層稅金。位於歐亞貿易路線最西端的葡萄牙與西班牙受害很深，畢竟價格與距離成正比關係。鄂圖曼土耳其人占領伊斯坦堡之後也控制了地中海的航權，歐亞貿易路線停止在伊斯蘭教的世界。

　　十五世紀起，來自西班牙與葡萄牙歐洲的船隊出現在世界各處的海洋上，後繼者有英國、荷蘭等國家，一直到十七世紀間，西歐各國艦隊尋找新的貿易路線和貿易夥伴，在南洋一帶的貿易航線造就馬尼拉、新加坡、雅加達、棉蘭、檳城等海港城市。

　　這些建造大船航海的技術之啟蒙，卻是來自絲路另一端的國度。宋國基於戰爭與貿易的需求，大船航海的技術已經發展得很成熟，1279年宋軍水師與蒙古人海戰落敗退出世界舞臺，蒙古人延用造船技術建立水師，幾度派出龐大艦隊攻打日本，蒙古人的大船、騎兵與弓箭等武器都優於當時的日本，但是敗於氣候，終究無能東擴。

　　蒙古人也曾經是海上強權，根據《馬可波羅遊記》記載，1291年忽必烈「命備船十二艘，每艘具四桅，可張十二帆」，指派馬可波羅從泉州啟航護送公主至波斯成婚。

　　泉州市是當時重要的海港貿易城，摩洛哥人伊本・巴圖塔（ibn Baṭūṭah）1345-1346年間來過泉州，他的遊記曾經寫道「泉州為世界最大之港」。這個城市發展很早，唐人在晉江水域河口建立「子城」，宋人擴大範圍建立新的城牆「羅城」。

當時因爲海上貿易之故，很多外國人居住其中，稱爲「蕃坊」。宋廢除「坊市」[7]，交易在開放的大街上進行，可用今日「商業街區」的概念來理解。

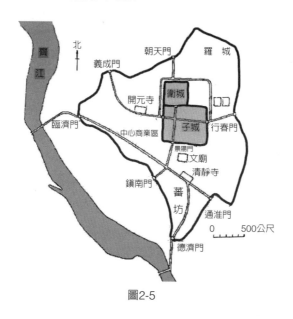

圖2-5

　　造船航海技術到了明國抵達高峰，明成祖命鄭和率領二百四十多艘海船[8]、二萬七千四百名船員的龐大船隊遠航，

7　庄林德、張京祥，2002。

8　《明史》記載鄭和寶船大者長四十四丈，寬十八丈，中者長二十丈，寬十五丈。《三寶太監西遊記》記載：「其上建有頭門、儀門、丹墀、滴水、官廳、穿堂、後堂、庫司、側屋，另有書房。公廨之類，都是雕梁畫棟、象鼻挑檐。」

在1405-1433年間七場大規模遠洋航海，跨越了東亞地區、印度次大陸、阿拉伯半島，以及東非各地。

但是，這樣的旅程卻沒有讓明國成為海權國家，開拓航線與港口的成果沒有替政權建立擴張基礎，反而拖累國庫。

明成祖繼任者停止海外探險，加嚴禁海令，本地大船不再出港，外國商船不得入港；嚴禁建造船桅超過三根的大船，導致海港城市與造船技術一起沒落。

福建沿海城市作為造船、漁業、貿易中心已有幾百年歷史，許多農工移往海外發展，但是明清政府無意發展殖民地，各地有紛爭，出現暴力事件，朝廷不願出動官兵保護，也不支持當地僑社商會[9]，這讓後來的英國與荷蘭商務艦隊找到與當地經商要角合作的機會。

對於沿海一帶的消極管理，導致富饒的城市長年遭受來自日本與本地武力集團的掠奪；1630年前後鄭芝龍父子有效控制海上交易，往來海上商船必須繳交「令人滿意」的稅金方可通行。

另一方面，來自歐洲的五桅大船，從印度洋、麻六甲海峽、南洋、臺灣海峽、中國沿海城市一路到日本，試圖建立貿易據點。

荷蘭艦隊東來比較慢，當時澳門已經有葡萄牙人取得通商權，想要進駐澎湖又被明國軍隊驅離，海峽另一端臺灣北部淡水已經有西班牙人建立聖多明哥城。於是荷蘭人在1624年決定

9　Pomeranz, 2012: 29-30.

在臺灣南部建立據點，1661-1662年間荷蘭艦隊與國姓爺這兩大海上勢力在熱蘭遮城決戰，可說是當時地區利益衝突下必然的結果。

圖2-6　荷蘭東印度公司戰艦模型

三、信仰的重要角色

戰爭行動常是因為經濟目的，仰賴政權武力保護以便創造更大的經濟利益。宗教並非經濟的附屬品，對於信仰者來說，信仰卻可以或為行動的信念，狂熱的信仰以及家族榮耀感的氛圍，可以讓遠在歐洲北方的貴族變賣家產招兵買馬遠赴中東，攻打與自己沒有瓜葛的人，只因為要「實現神的旨意」。

伊斯坦堡的重要經濟地位與財富使得它成爲政權搶奪的瑰寶，信仰同一位神明的國家之間一樣有衝突；信仰與價值是戰爭的藉口，也是和平的理由。除了宗教之外，人類用以各種「主義」爲名發動戰爭，例如民族主義、共產主義等。

　　以絲路上伊斯坦堡與沙洲城來比較，雖然目前敦煌石窟成爲人類文化重要資產，但是歷史上很少人對於攻占沙洲城有興趣，重要的原因就是這兩個城市的經濟價值高低有別。

　　在海洋上，航海貿易造就了海港聚落，貿易使得聚落得以發展爲城市。早期捕魚維生的聚落對於變化不定海洋氣候的恐懼，造就了海岸聚落的宗教文化。舉例來說，臺灣西岸沿海城鎮北港、新港、淡水等，在漁船停泊港口建造媽祖廟（或稱天后宮）。

雖然很多臺灣西岸舊聚落的媽祖廟，因為海岸淤積或人為造陸，不再面臨海港，但是仍可以看到廟的主神面對著大海的方向。這種配置讓早期進入港口的船隻從遠方即可看到媽祖廟，或是「感覺被神明看見」，對於討海人心理安定的效果不輸燈塔。

■ 關鍵搜尋：敦煌石窟，聖索菲亞大教堂，哥德建築，文藝復興
■ 本地參訪：長榮海運博物館，淡江大學海事博物館；西部沿海城鎮媽祖廟

第
05
講

戰爭改變了城市

一、城牆蓋起來

　　人類因為各種衝突導致戰爭，戰爭的目標是為了生存，副產品則是科技的進展。

　　戰爭的原因很多，兩位獵人爭奪一隻兔子，兩個村莊搶奪灌溉水道，兩個王國爭奪貿易港口，都可能引發戰爭。無論原因是什麼，戰爭結束之後，戰敗一方的生存條件會變更差，這是無奈的叢林法則。為了贏得戰爭，我方的武力必須比對方強大：武器、戰術都必須精進，這種精進包括戰爭技術與藝術各方面的。早期具備弓箭、馬拖戰車、騎兵與長槍方陣等使用鐵製兵器的軍團，很容易擊退鬆散組織的部落武勇。

　　以馬拖戰車為例，最早出現在米坦尼與西臺（1600-1200 BC），也出現在殷商（1523-1028 BC），當時已是令對手聞之生畏的終極武器。這是在開放地區會戰的技術，至於攻城與守城是另一門學問，需要使用不同的科技。

圖2-7 陽關城牆與城樓

守城與攻城

城牆出入口在戰爭的時候容易成為脆弱點，是敵人攻擊的首要目標；城門通常會加厚保護，在上面建造城樓提供人員集結備戰防守之用。平時來自四方的部族出入城門時看到雄偉城樓，四周有軍士持兵器監督，感到震懾而不敢輕忽，沒有妄想。

除了城門與城樓之外，壕溝、水道、城牆的高臺、門口的大斜坡成為提高守備能量之必要做法。同時，城牆四周的高塔是弓箭手的制高點，並且可以投擲各種物品以阻卻敵人前進或攀爬。

當城牆越蓋越高越堅固，攻城的科技也跟著出現突破，亞述人（935-612 BC）與波斯人（550-330 BC）發展出圍城器械[10]攻破對手的城牆。這些工具最初只是單純直接解決問題的思維：「你把門關上，我把門撞開」，使用衝撞城門的人力臺車；或是：「你蓋高牆，我就蓋高塔」的回應，用高過城牆的移動高塔從遠方往城牆進攻。

隨著戰爭科技持續進化，希臘人在399 BC使用「投石機」攻城，利用槓桿原理將大石頭拋入城內，這是需要數學與工程結合的最新科技。

投石機拋出巨石的確嚇人，但是精準度不高，想像你對城門投擲很多石頭，最可能的結果是城門口堆起一個石頭小山，阻礙我方進入。石頭亦是防禦工程的材料，攻方不斷丟石頭也等於提供守軍大量的戰備資源——石頭，可能被用來修補缺口

10　McNeill and McNeill, 2007: 65.

以及反擊。

投石機主要功能是用來攻擊躲在城牆內的房舍，製造更多四處爆飛的碎片造成人員傷害。對於厚度不足的城牆與高塔，仍可以造成相當程度的破壞。再從防守城市的策略來看，圓弧的城牆以及圓柱形的高塔，減少垂直牆角，可以減少飛石撞擊造成的傷害。

擋住敵人，擋不住細菌

羅馬帝國滅失之後，伴隨著貿易發展帶來的是以城市為核心的自主政權。

失去強大帝國保護的中世紀城市（476-1453），活下去是重點，用石頭蓋公共設施需要大量的人力與財力，保護自己的城牆工程重要性遠勝於其他民生建設（例如：引水渠道、排水溝、公共建築等）。很長的時間城市公共建設停滯，街道衛生品質低落，導致傳染病疫情常常一發不可收拾。541年歐洲出現鼠疫大流行，總共經歷十幾波，兩百年後才停止。

面對以生物為宿主的傳染病，人類社會發展出來的「同心圓」以及「金字塔」的空間模式可說幾乎束手無策，就傳染病的特性來看，圓心與金字塔頂端，短期來看可以延緩受災，一旦疫情拉長，這些地方人口密度高，糧食物資取得不容易，加

上貴族被服務慣了，生存能力比較弱，受災情況反而越大。

當時人們能夠做的事情跟目前很像，「隔離就醫」[11]。

也因爲早期對於傳染病與醫藥的了解有限，疫情常導致人口大量減少以及疫後的財產重新分配。真正要處理的城市公共衛生課題，一直到十九世紀的城市規劃才開始著手。

二、火箭與霹靂炮

火藥技術讓戰爭從「冷兵器」進入「熱兵器」時代，在戰場上應用的記載首見於唐與宋時期的攻城戰事，975年宋軍將類似沖天炮的物品綁上弓箭上稱爲「火箭」，填裝成球狀引火投擲稱爲「火球」[12]，1126年宋軍用裝在投石機之「霹靂炮」退敵，1161年水師出現配備投石機的戰船[13]。

---

11 《漢書》西漢元始二年，郡國大旱，蝗，平帝詔「民疫疾者，空舍宅第，爲置醫藥。」

12 李綱《靖康傳信錄》，卷二。

13 楊萬里《誠齋集》，卷四十四。

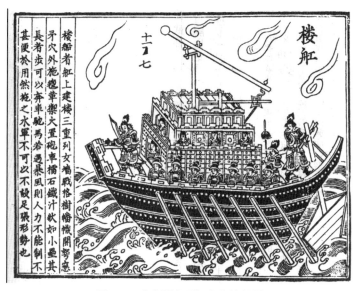

樓舡

十二七

樓船者舡上建樓三重列女牆戰格樹幡幟開弩窗矛穴外施氈皮草絮火置砲車擂石鐵汁狀如小墨其長者步可以奔車馳馬若遇暴風則人力不能制不甚便於用然施之水軍不可以不設足張形勢也

圖2-8　《武經總要》中的樓船圖

　　當時火炮投擲距離以及準確度都有限，防守一方用來阻嚇敵人的效果還算不錯，但終究無法抵擋來自草原的蒙古騎兵。蒙古人取得火炮技術之後，「熱兵器」的技術隨著蒙古帝國拓展到歐洲，到了1453年土耳其攻打君士坦丁堡一役出現了嶄新的武器──「加農炮」，改變了往後兩百年的城市設計。

　　加農炮的原理是用金屬製造圓筒狀炮管，將火藥裝在圓筒底部，從炮管口塞入一顆圓石，點燃火藥之後爆炸的威力將石頭射向敵方的城牆，因為炮管的長度引導石頭飛行的方向，準確度大為提高，可以集中瞄準高塔城樓與城門。

早期煉製炮管的技術不大牢靠，它是來自製造教會大鐘的冶金技術。然而，鐘是冷的，炮是熱的，炮管強度有限又不耐高熱，無法連續發射，發射之後要長時間冷卻，若是炮管出現裂痕，點燃火藥時的爆炸威力可能將炮管炸開。

儘管有這些缺點，自從巨炮現身以後，戰爭遊戲規則改變了，城牆與城市的設計面臨重大挑戰與變革。

轉變中的城牆設計

城牆設計出現第一個改變，是具有實際防守功能的城牆與城堡變低了，取而代之的是城牆外圍的護城河與高大土堤，土堤可以承受巨石炮彈轟擊，雖然會有局部損壞但沒有高牆崩塌的危機，敵人想要占領城市，還是要渡過護城河再爬上小丘。

第二個改變是出現放射狀配置的稜角型碉堡，稱為「稜堡」；因為城市的防衛者也使用大炮，如何用有限的大炮防守城牆，需要更有效率的設計，是生死存亡的關鍵課題。

由於強大爆炸產生的飛行速度以及加長炮管引導方向，「看得見」與「打得到」之間的關係更將緊密，文藝復興期間發展出來的「消點透視」的「消線」成為思考巨炮「射擊範圍」的原理（圖2-9）。

將一個四方形碉堡的四角都做成稜堡，只要在每一側放置兩門巨炮，加上小炮與弓箭射手形成冷熱兵器混合的攻擊網，可以有效控制往城門前進的對手。

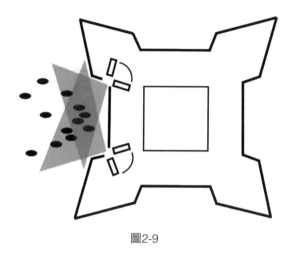

圖2-9

　　早期碉堡是配置在城外或城內重要據點，用來防守城市之用，如果碉堡失守，城市也可能面臨攻擊，如何將城牆打造成要塞？中世紀時期在經濟要道上戰爭頻繁的地區，人們想出一種新型態的城市原型，直接用碉堡的理念設計城市。

理想城市

　　1460年Filaret向義大利北部米蘭王國提出城市原型的建議，城市基座是一道圓形城牆，在上面建造星狀的第二道城牆。重要設施放在城市的正中央，同心圓的好處是每個防守據點的補給支援距離與核心區相同（圖2-10）。

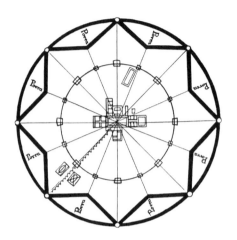

圖2-10　Filaret 提出的城市原型

　　這個理想的城市設計圖出現的時間點在君士坦丁1453年被攻破後第七年，顯然對於城市防衛有新的看法。在每個內凹的牆角放置加農炮，可以形成有效防守火網，當敵人進入這個內凹區也會遭到來自兩方牆上的我軍攻擊。

　　當時許多歐洲城市出現這種鋸齒狀的城堡，大多是在需要加強防守的區域。

　　在當時義大利北方威尼斯共和國有一個城市徹底實現了這個理想，1593年威尼斯共和國在靠近鄂圖曼土耳其的邊界地區建造Palmanova城，城牆從土堆到高牆是同心圓，四周有九個稜堡，直徑約一公里，威尼斯人建造這個城市當作對抗來自東方鄂圖曼土耳其帝國的前線堡壘，十六世紀城牆輪廓今天從網路地圖仍然清晰可辨。

熱蘭遮城

1623-1624年荷蘭艦隊在臺灣南部建立城市，稱爲熱蘭遮城（圖2-11）。荷蘭艦隊是荷蘭東印度公司（1602-1799）聘僱的傭兵加上商人組成，任務是在各地建立據點，掠奪當地資源。

這樣的團隊建造城市有幾個重要的考量，首先是利用自然環境取得保護，將城市蓋在陸地突出於海中的岬灣地形，再將城堡建造在岬灣與地連接的隘口上保護城堡後方的聚落；城市靠近海灣可以讓艦隊提供補給，也可以讓士兵搭船從海上繞到敵後發動攻擊。

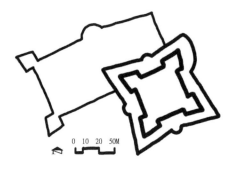

圖2-11　熱蘭遮城，根據中研院《熱蘭遮市地籍表研究》重繪

荷蘭人建造熱蘭遮城也是依據這個原則，城市布局一端是聚落，另一端是城堡，中間是廣場，廣場上有市集與刑場。廣場中的市場靠近海港，是重要的交易場所；刑場則是用來彰顯統治者威嚴之用。

城堡內是行政官與士兵的住所，設有一座教堂。市區房舍比較靠近碉堡這邊是荷蘭人居住，實務上比較容易得到城堡內軍士兵保護，心理上也比較安心。

　　1661-1662年鄭成功軍隊圍攻熱蘭遮城，荷蘭守軍抵抗數個月之後，終於等到來自雅加達的援軍，戰船靠岸後與城內守軍會合，再度出海打算繞到敵後展開圍擊，沒想到大船往南航行一去不復返，留守城內士兵只好與鄭成功軍隊談和，撤退到印尼的據點[14]。

　　荷蘭人在臺灣期間留下不少知識，其中之一是「水泥」，客語以及臺語稱為「紅毛灰」、「紅毛土」或「紅毛泥」，從語言可以追溯這種知識的來源。沒有開採與提煉技術的時代，使用蚵殼灰與具黏性的植物混合替代。

　　鄭成功建立王國之後將熱蘭遮城作為「王城」，打開南面城牆，自有「南向稱王」的概念。1683年東寧王國降清之後，王城遭到廢棄，舊熱蘭遮城的石牆被拆除移到其他地方使用。對清國來說，這個地方是當年明鄭軍民盤據的不祥之地，任其頹廢只是剛好而已[15]。

大砲臺保護大城市

　　清國統領臺灣之後在西岸建造數座城市，以臺南城為據點發展「南路」與「北路」，沿路徵召（其實是強拉）聚落住民

14　陳璟菖，2004。

15　參考John Thomson 1871年於安平拍攝之熱蘭遮城（Fort Zeelandia），存放於英國Welcome博物館。

擔任挑夫與勞工，原住民不堪其擾，紛紛往更內陸遷移，渡海而來的移民住進這些聚落，逐漸發展爲城市[16]。

　　這些城市建造之初，先以木頭或竹子建造圍籬，再改爲土石混合的高堤，最後才造石牆。以臺南城爲例，1725年建造木柵圍籬，1788-1792年才改爲土堤，後來又在土堤上種棘竹[17]。

　　這種考慮有兩個重大因素，一是根據當地經濟能力進行投資報酬效益評估；二是我方防守能力與外敵武力的相對關係分析，務實來看，萬一我方軍失守之後城牆被敵人占領，等於是建造石牆壕溝奉送敵營，攻守易位之後我方要回收更加麻煩。

　　1874年日本國派兵攻打屏東（史稱牡丹社事件），清國大修臺南城牆於隔年完工。這個時間點距離鄭荷大戰已經過了兩百多年，臺江內海早已淤積，潟湖縮小成爲河道。選擇與舊熱蘭遮城一河之隔的二鯤鯓，聘法國人設計新碉堡，於1876年完工，稱爲二鯤鯓砲臺（後稱億載金城）（圖2-12），作爲防守敵艦透過安平河道進犯市區的隘口。

　　細看這座砲臺，與兩百年前熱蘭遮城堡採用相同的設計原理，可說這兩百年間城牆攻守技術並無重大突破，只有製炮技術純熟、主炮更加巨大，個人武器從「毛瑟槍」進化爲「滑膛槍」。這座砲臺正方形的主堡四面正中央各有一入口以利軍事行動的機動性，正方形的四角各加一座稜堡，轉角處放巨炮保護。

---

16 黃智偉，2011。

17 這點在春秋管仲對於築城理論已經提出，土堤上要種荊棘。管仲《度地》：「地高則溝之，下則隄之，命之曰金城，樹以荊棘，上相穡著者，所以爲固也。」

1885年清法戰爭之後，清政府在澎湖西嶼建造砲臺（今西臺古堡）也是採用相同的設計概念，於1887年完工加設新式巨炮防守。後期加強防禦工事用水泥修建，目前已看不見稜堡的形狀。

　　然而，這些砲臺並未在戰爭中發揮制敵作用，清國在千里之外的戰爭打輸了，割讓臺灣與澎湖給日本。時間進入二十世紀，垂直的時代來臨[18]，航空飛行器加入戰爭，碉堡守軍無力對抗來自天空的敵人，固若金湯的碉堡開始走入地下[19]。

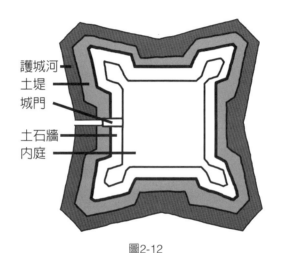

護城河
土堤
城門
土石牆
內庭

圖2-12

18　Graham, 2020.

19　以金門為例，在二十世紀的戰爭中，挖鑿大武山岩層建立軍事基地，城鎮下方遍布坑道，在坑道口設置巨炮掃描海上敵人。

三、城牆倒下來

高大的城牆無法保證國家永遠平安，明建國以後蒙古宿敵並未消失，只是撤退返北。記取當年蒙古人揮軍南下的教訓，明政權耗費大量財力在北方增修長城禦敵，然而，將寶貴的人力資源用來建造城牆，就無法用在整軍建武之上。明末因為國內大亂，邊界守將開城門引清軍入關「平亂」，哪知清軍平了亂，順便也把朱家王朝給終結了。

打造城牆與攻破城牆都需要耗費人力物力，不論是冷熱兵器時代，戰爭作為經濟的手段必須有效控制資源的投資與報酬，要是真的打起來，敵死一千我亡八百，攻守雙方無論誰輸贏都要元氣大傷。

對於備戰不足、意志不堅的一方來說，求生之道是搬出贖金與劃出土地當作停戰的籌碼。這種做法似乎是當下最佳選擇，然而，提供對方資金與土地雖然可以換得一時平安，也提供讓對方更加壯大，過幾年之後再來攻打自己的機會[20]。

隨著戰爭武器的進展，碉堡、砲臺保護城市的功能大為下降。當市區規模擴大，市中心的城牆也陸續被拆除改為道路方便運輸與通行。可以說真正拆毀城牆的原因，是經濟而不是戰爭。

---

20 最好的例子就是維京人在北海擴張時期，英倫島與歐陸城市的領主年年獻上珠寶財物求和，結果是讓自己越來越窮，維京人經濟與武力能力越來越強。

■ 關鍵搜尋：投石機（Captapult），加農炮（Cannon），熱蘭遮城，荷蘭東印度公司
■ 本地參訪：國立臺灣歷史博物館（臺南市），安平古堡（臺南市），億載金城（臺南市），獅球嶺砲臺（基隆市）

摩登時代的城市

　　歐洲走出黑暗的中世紀之後，各地秩序逐漸穩定，雖然王國之間仍有戰爭，陸續出現大規模帝國讓城市發展得到較多的機會[21]。軍隊與武器的規模普遍提高，城市與國家間的武力取得平衡造就了和平，城市文明得到更大的保護。

　　城市中除了王室貴族與神職人員之外，財主商會透過戰爭與貿易，長期累積財富形成通稱的「中產階級」。中產階級興起有一說是從來自西歐遠征軍隊，當時歐洲貴族為了招兵買馬去打仗，將城堡房產抵押給在地商會，當貴族陸續戰死異鄉，財產逐漸轉移到民間財主手中[22]，這些人掌握城市的財富，國王建設城市必須回應他們的需求，對國王來說良好的公共設施與公共建設可以提高財主投資，提升國家的經濟。

　　再者，人們對於中世紀以來困擾城市的傳染病具備較多的認識，認知到如果不改善公共衛生環境，一旦爆發疫情就會導致人口減少、經濟停滯、國力消退。在這樣的趨勢之下，城

21　例如：鄂圖曼土耳其帝國、法蘭克王國、神聖羅馬帝國、波旁王朝、不列顛帝國、奧匈帝國等。

22　Van Loon, 2004: 112.

市出現許多重大的公共建設，本單元介紹其中兩件，一是下水道，二是街燈。

一、每天的好朋友

下水道的主要目的是排除生活汙水，特別是來自「便器」的物質。便器是偉大的發明之一，讓人類坐著方便不會弄髒雙腿。古早人類在地上挖個小坑行使「基本權利」，當小坑填滿之後加以覆蓋再另覓他處，這樣做已經算是符合當時公共衛生水準了。

考古發現人類文明重大進程出現在羅馬，人們將簡便蹲坐材料改良，用石板挖洞製作成可乘坐的矮櫃，櫃下連通水溝，卸下心腹重擔之後用水沖入溝內。這條水溝連通道路下的排水道，跟著其他生活用水或雨水，沖刷到遠離市民居住的遠方。這種設計最早出現在羅馬人為軍隊建造的「公廁」，也出現在貴族豪宅中[23]。

這種工程需要地面與地下的排水系統，石匠工人用石頭材料鋪置小水溝與大排水道，如此才能順利將汙水排置遠處，否則排泄物進入地下被泥土吸收，將會產生令人不愉快的環境。

對羅馬城市來說，飲用水與下水道，是城市生活的必需品，也是文明的象徵，可以減少公共衛生問題，也降低傳染病爆發的機率。

---

23 Kilroy, 1984.

在羅馬帝國滅失之後，歐洲進入統治生命短暫的王國輪替的時期，城市建設優先項目是城牆與城堡，確保貴族生命財產，其次是建造教會的教堂，以確保政權受到神明的「認可」，民生相關的建設不再受到重視。

童話故事中王子公主快樂生活的城堡，會在某個角落出現一個凹入的小房間，從外面看是懸空突出。這個房間的功能就是王子公主的廁所，排泄物掉落城堡之外，再由僕人搬運到遠處掩埋或當作種植的肥料。這也可以解釋爲何大炮發明之後，許多王室還是選擇建造城堡居住，除了炫富之外，顯然還有許多「務實的原因」。

披風不是為了擋風

農村廁所的產出物好處理，拿去掩埋或施肥問題不大，但是幾十萬人居住的市區，市民家戶廁所沒有排水溝，市區也沒有公共廁所，就是用桶子接著直接倒在大街上。因應這樣的街道生活，歐洲人的「披肩」有很重要的功能。

歐洲貴族會穿戴頭罩式披肩，或是簡便的帽子加上帥氣小披肩，進入室內要將披肩取下。在街上遇到有人從樓上將室內累積整桶的「生活產出物」由窗戶往下倒時，可以很帥氣地用手揮起披肩遮（圖2-13）。這種披肩布成為當時服飾的重要元素，同樣是一塊布披在肩上，王公貴族用的就比別人講究，越長越有遮蔽效果，最好是拖到地上再由僕人拎著，更顯貴氣。

圖2-13　　（圖片出處：Kilroy, 1984: 17）

文藝復興時期的音樂、文學與美術對後世影響深遠，引發人們對於當時城市與街道充滿唯美與浪漫的想像，電影根據大仲馬小說《三劍客》拍攝的畫面，劍士戴著飾有羽毛的霓帽在街頭瀟灑揮劍的身影令人熱血。然而，中世紀以來歐洲街道其實是又髒又臭的，第一次鼠疫連續延燒兩百年，第二次鼠疫讓歐洲總人口減少三分之二，究其根源應是缺少公共衛生建設，尤其是飲水道與排水道。

神祕的水箱

　　公共衛生的課題一直到了1596年才出現轉機，英國人Sir John Harington設計了第一座沖水便器，是一個像大花盆一樣的坐式桶子，桶子下方水管連通到地下排水道，桶子上方有一個水箱（water closet）可以即時將水沖入桶中，維持室內乾淨（圖2-14）。

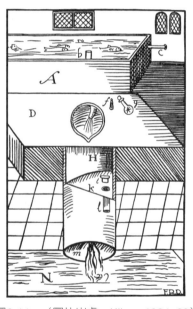

圖2-14　（圖片出處：Kilroy, 1984: 20）

這個新發明問世之後接受度不高，史載英國女王伊莉莎白擁有第一座專用水箱。十六世紀的倫敦，市區的河流是巨大的開放式陰溝，地下有一套雜亂無章的古老下水道，既窄小又不完整，如果當時有監視器，可以看見水道上泥狀的漂流物緩緩移動，最後匯集在泰晤士河畔形成汙泥灘。

城市像一顆健康的樹

　　市區排水不良造成的衛生問題一直困擾著人口密集的大都市，哈維（William Harvey）在1628年提出「血液的自由流動可促進體內各組織與器官的健康成長」[24]，學者用這個概念發展出公共衛生的新觀念，圖2-15畫中的人長成一棵樹，是把城市擬人化的概念[25]。

圖2-15

24　Harvey, 2007.

25　圖片出處：John Case, A man growing as a tree with branches, fruit and roots, *Compendium Anatomical Nova Methodo Institutum*, 1696.

相較於「維特魯威人」將肚臍的位置當作生命起源這個概念，到了這個時期更重要的事情是「健康地活著」。這種思維跟「啓蒙運動」時期，人們用理性與非宗教思維看待事物有相當大的關聯性。

十七世紀以後城市規劃者開始運用哈維的觀念來設計城市，四通八達的交通網逐漸出現。當時歐洲經歷過四次大規模傳染病[26]，看來要讓城市像一株樹一樣健康地活著，人們還是忽略了更重要的事情沒有處理。

這個謎幾百年來一直困擾著城市，到十九世紀中才被解開。1830年的倫敦已是人口眾多的大都市，但是市區排水設施跟兩百年前相去不遠，當時新設置的管狀排水溝容易阻塞，疏通不易，只不過令問題更加惡化：時尚的廁所沖水設備將早先以掩埋方式處理的人類排泄物，統統都沖進下水道[27]。

1842年查德維克寫了一份報告[28]，他因為職務所需調查「惡劣衛生設備對於倫敦窮人道德與衛生的影響」，他的報告提出應該立即改善倫敦的下水道系統，認為那是降低勞動人口死亡的關鍵，如此才能「維持倫敦經濟生產力」。

---

26 1629-1631年義大利，1656-1658年那不勒斯，1665-1666年倫敦，1720-1722年馬賽。

27 Graham, 2020: 359.

28 Edwin Chadwick，《勞動人口衛生狀況》。

放在當時的時空環境來看，十八世紀與十九世紀兩次工業革命，造就大量勞動人口往工業城市移居，勞動力是工廠生產力的保障，政府對於勞動人口健康的保護直接關係到企業與國家經濟。

　　倫敦市區新式下水道在1865年以後陸續完工，走進裡面像是走進道路下的房子，空間高大寬敞，人與車都可以進到裡面進行水道疏通與維護（圖2-16）。

　　這種建設所費不貲，從投資效益來考量，越貧窮、沒有生產力的社區，越在服務順序的末端，直到為了經濟發展與建設必須將它們拆除，才獲得改善的機會，這種情形發生在近代許多大城市。

圖2-16　　（圖片出處：Kilroy, 1984: 28）

二、街燈照亮夜間城市

古羅馬富人用植物油燈來照亮自家門口，有專門的奴隸負責點燈、滅燈及看燈。有權力者的宅第有高牆、有守衛，室內有蠟燈、有僕人照料，相較於牆外的人民的處境是比較安全的[29]。

然而，就算在國家軍力強大的年代，政府只能有效管理白天的城市，夜晚的都市是犯罪者的天堂，有錢人成為獵物。沒有照明的街道，街上出現受害者的慘叫聲，治安衛隊舉著火把四處搜捕，就算抓到人也無法確認繩子綁的就是凶手。馬克西姆·杜坎寫道：「巴黎的夜晚是如此危險，有的街道被命名為割喉街。」[30]

計時出租的提燈人

為了解決城市裡的貴族晚上出門聚會的安全問題，1662年巴黎出現一種新的機制：路易十四認為犯罪率高在某種程度上是街頭缺乏照明造成的，沒有照明的城市對商人而言尤其不便，特別是夜長晝短的冬季，因為不敢在街頭自由走動，晚上無法從事任何活動。

雖然沒有治安會報的正式統計資訊，顯然政府受夠了超高的夜間犯罪率，路易十四頒發皇家政令給商會及市政官員，允許商人在夜晚提供「提燈人」的照明租賃服務。

---

29 歷史上也有部分掌權的人是在自己家中被親信與親戚終結，這是少數例外。

30 《巴黎照明史》。

提燈人每位配備一盞提燈，燈裡備有黃蠟，在人員流動最頻繁的街道為有需要的人士提供服務。每次服務時段計時15分鐘，如果顧客路程遠或是腳程慢，需要多一點時間才能回到家，只要繼續付錢增加出租時段就可以確保四周維持明亮。

這個想法很受歡迎，但是不大叫座，用現在的經驗來推論，在治安不好的大城市，路上跟著陌生提燈人走，發生問題的風險很高，有錢的貴族寧可找自己僕人提燈還比較安心。

燈與點燈的人

幾年後路易十四又有新的做法，1667年頒布城市道路照明法令，規定住戶在冬季夜晚時，必須在面向街的窗戶旁點燈。這種做法早在兩百五十年前[31]倫敦就曾經實施過，當時市長下令所有的家庭在冬季的晚上必須在戶外懸掛燈籠，這是首次由政府制訂的公共街道照明政策。但是，為什麼後來各大城市沒有立即跟進？

畢竟，市民在家裡點燈照料街道要花錢買燭火，需要很強大的經濟誘因或是政府強迫才有辦法持續，否則窗戶的燭光就會在黑暗中滅失。

但是路易十四還是不死心，他任命新的巴黎市警察局長官，要求從「衛生」、「照明」和「安全」三個領域全面改進巴黎面貌。新的做法是在街道安裝可以燃燒八到十小時的街燈。這種街燈安裝在房子外約一層樓高處，用一種滑輪裝置升降。主結構材質為金屬，燈罩是玻璃，使用蠟燭燃燒照明。

31　1417年。

1700年前後，巴黎每年的街道照明長達九個月，街燈豐富了巴黎夜生活。

　　路易十四本人是流行時尚的行銷者，他的穿著成為引領歐洲貴族流行的指標，香水、飾品、家具等等都成為時尚之先驅。街道照明成為路易十四吸引歐洲人來巴黎觀光消費的新手段，也促進了商業投資。

　　到了十七世紀末，巴黎多數大街上都有燈籠以繩懸吊在半空中，歐洲多國首都紛紛效仿，阿姆斯特丹、柏林、維也納緊隨其後在十七世紀後期裝置了街燈。英國作家蒙塔古在十八世紀初寫道：「巴黎優於倫敦之處在於夜晚有定時的街道照明。」巴黎從此得到「光之城」的稱號。

不是人人都喜歡街燈

　　街燈照亮夜間街道，警察得以監視所有人晚間一舉一動，治安獲得改善。巴黎市區夜間大放光明之後，小偷受到夜間街頭照明影響，業績慘澹，不得不考慮改行。不只小偷，有錢有地位的人夜間在小巷跟性工作者交易，想要不被發現又能快速地完成交易，是買賣雙方的重要考慮；在這種前提下，街燈成爲「不受歡迎的設施」。

　　路易十四長時間掌權控制國家的年代，在某些巴黎市民的眼中，街燈是警察的眼睛，象徵國家公權力，令人感到不開心；這種感覺有點像現代人看到監視攝影機時的複雜心情。當時有人認爲那是一種由王宮延伸到市內大街的「專制燭光」，走出家門就感受到老大哥在看著你。

　　法國大革命期間，街燈成爲警察和政權的象徵物，起義者割斷懸燈繩纜，破壞玻璃燈籠。憤怒的群衆圍捕權貴與官員，將他們吊在燈柱上，這種行動就叫做「到燈柱去！」[32]

　　1815年拿破崙建立帝國的夢想因爲戰爭失利而夢碎，歐洲貴族們鬆了一口氣之餘，看到街燈就又啓動心中餘悸，更擔心市民會聯想到法國革命以及拿破崙等那些「法國人以及他們帶來的負面影響」，有些國家一度下令要求將街燈全數拆除。

　　但是，街燈還是具備令人無法抗拒的魅力，隨著燈具改善，早期的蠟油燭燈被新發明的燃氣燈取代，1820年巴黎街道全面替換最新的燈具，1880年代交流電問市之後電弧燈具出現

32　À la lanterne !

在倫敦與巴黎，城市夜間照明的時代來臨！

光明的街道成為巴黎的意象，點燈人也出現在法國作家1942年寫的《小王子》中，第五號星球是「點燈人的星球」，他把路燈點著，就好像為天空又增添了一顆星星。

三、城市的摩登時代

十七世紀西歐許多大城市透過長時間的經濟活動，市民累積財富，啟蒙時期知識流通，人們對於宗教的依賴降低，城市出現龐大的中產階級，市民意識與權力跟著提升。

都市建設是政府的投資，街燈與夜間街道照明可以改善治安，創造城市意象，最終提高經濟活動與商業投資，每個市民都可以受益。乾淨又明亮的摩登城市，可以改善市民的生活，創造經濟與鞏固政權。

從城市規劃的角度來看，從此都市空間的設計需要將晚上活動的需求納入考慮，經過特殊設計的夜間照明活動（例如：當代的煙火、燈會、夜間市集等），可帶動企業投資與地區觀光收入。

以日治時期畫家陳澄波視角中的臺灣城市為例，在嘉義長大的陳澄波其畫作中，嘉義市區寬敞的街道建築之間有個很重要的設備——街燈與電線桿，在他的眼中，電力與街燈帶來光明，是現代城市文明重要指標（圖2-17）[33]。

---

33 陳澄波，1934年畫作〈嘉義街中心〉，正中央是嘉義噴水圓環。

圖2-17

　以當代的觀點來看，改善汙水排放對於貧窮社區的影響，提高勞動者的生活環境是好事，然而目的卻是爲了企業的生產力與國家經濟，出發點似乎不是以市民爲本？但這在當時已是具代表性的公共衛生政策，而且改善重點是針對城市中向來不受重視的低收入市民。

　下水道可有效改善城市排水，提高公共衛生品質，下水道接管率成爲城市文明的指標。這一點臺灣做得如何？早期廁所使用「屎礐」，在便器下方用磚砌一深坑，由農民定期推來水肥車，用長竹竿裝水瓢從牆上小洞深入坑中，舀起載走當作施肥之用；在鹿港、臺南老街後巷的牆上仍可發現屎礐口。

1970年代新的建築陸續將舊式尿礐改爲埋在戶外的化糞池，沉澱淨化後清水排入排水溝；下水道接管地區則直接用大口徑水管拉進集中的汙水處理槽。但是，六都下水道接管率至今仍然未達100%，雙北都未達80%，更不用說其他城市與鄉鎮了[34]。颱風天淹水的時候沒事不要出門涉水。

■ 關鍵搜尋：工業革命，啓蒙運動，光之城（La Ville-Lumière）
■ 本地參訪：臺南山上花園水道博物館，臺北自來水博物館，臺南市美術館二館

---

34 新北市預定2022年底接管率達72%，臺北市預定2031年底接管率達90%。

第三篇

勞動者與漫遊者

機器改變了城市

從古文明神權時期開始，越龐大的政權需要越多勞動力。金字塔、長城、神廟、引水渠道等，這些工程也需要大量人力；祭祀用的各種器具、雕像、陪葬陶俑等等都需要大量集體工作的技術工；在中世紀歐洲封建社會，農奴終其一生只是爲貴族工作[1]。

這些工人需要吃、需要住又占人口大多數，但是，考古出土巨高牆石柱或木柱坑洞不是王室就是神廟遺址，勞動者在各種史料中存在感相對的低。

勞動人口的居住環境一向不是執政者的優先課題，當社會與經濟結構改變，勞動人口成爲城市重要生產與經濟收入來源，扮演維繫社會穩定的重要關鍵時，城市執政者才會加以重視，並且投注更多資源來改善生活環境與社會關係。

一、國王的絲襪，皇帝的鼻菸壺

位於天下中心的人不只具備權力與財富的優勢，也自認是世上最優秀的民族，四方皆是落後的「野蠻人」。從三千年前

1　Van Loo, 2004: 110.

古人造字，以及用來替周圍民族命名的用字，也可以看到這種心態。例如「羌」是長了腳的羊，「狄」是帶著狗打獵的人，「犬戎」是拿了兵器的狗，「閩」是房子內有大蛇，這些字都沒有尊敬的意思。

歐洲中世紀教會控制的政權進行「武裝朝聖」[2]期間，將不會講拉丁語的人視為異己，當北方日耳曼與其他民族成為西歐各王國的主人之後，「東方」作為對照的概念，是高度文明的地方，值得貿易、朝聖以及征服[3]。

這種以宗教或是帝王為同心圓中心的思想影響深遠，在神權與君權的年代深植民心，被統治者將它放大投射到自己身上。許多極權統治者以「民族」為名，作為內控外侵行為正當化的理由所見不鮮，往往都是奠定在「我們是優秀民族」的基礎之上。

珍寶異獸環繞的權力核心

路易十四腿上的絲襪與萬曆皇帝手中的鼻菸盒，都是來自當時世界貿易路線的另外一端，珍貴的用品在他們身上出現，更能象徵權力無遠弗屆。

2　十二世紀以前的概念是「武裝朝聖」，使用Cruciata這個字是十六世紀以後的事情。翻譯成中文加入「東征」具有「征討」的意涵，是混入了歐洲中心的觀點。

3　Said, 1999: 2.

十五世紀開始的大航海貿易路線，絲、羊毛、香料、茶葉、咖啡等透過商船在各地流通。城市貴族對於來自全球各地，各種高級生活用品的需求更加提高。

十六世紀巴黎引領華服奢物風氣之先，皇室貴族從白天開到黑夜的奢華派對，身上服飾不是絲綢就是珠寶。統治法國七十年的路易十四自稱「太陽王」，在當時貴族的心中，他就像太陽一樣是世界的中心，從地圖看羅浮宮就像一個人呈大字形躺在地上，與他所統治的土地進行「親密接觸」。

這跟紫禁城皇帝上朝的位置為世界中心是類似的概念，王即是「天子」，國土是為「中土」，對王的敬畏與朝拜是「子民」的天職。

「天朝」的國度很早就有「朝貢制度」，各地人民需要將最好的食物與物品當作「貢品」送到都城。1192年《地方志》記載太湖捕獲優質的大肥魚，必須「入貢」到皇帝居住的洛陽城內[4]。

到了清國，這種制度加上各種繁縟儀式，將原本平等的貿易關係，變成不對等的「蕃夷叩求交易特許」的朝貢關係，「貢使」來朝必須進貢異寶奇珍以供皇帝御覽轉賜，珍禽異獸則納入「御獸園」[5]。這一切都象徵皇帝「恩澤廣庇，四海來儀」，在當今故宮博物館展示的各種皇家珍藏可以看出端倪。

4　《吳郡志》載：「白魚出太湖者勝，民得採之，隋時入貢洛陽。」

5　Romeranz, 2012: 33.

到了十八世紀製造業的變革改變了城市，也改變了同心圓與金字塔的型態，同心圓的概念隨著人們對世界的認識而變形，金字塔的「成分」也開始改變。

變形的金字塔

雖然各國貿易管道會因戰爭而中斷，航海通商會遇到各種障礙，透過長時間的貿易與交流，世界還是改變了。人們不只改善生活品質，也改變對世界的看法，經濟與物質條件提升有助於城市文明進程。

用本書前面提到的金字塔模型來說明，權力與財富位於中間段的「中產階級」[6]逐漸厚植經濟與社會影響力，形成城市新興的支撐力量（圖3-1）。位於金字塔底層的人口在距今約三百年前「工業革命」期間開始出現轉機，逐漸成為影響城市的重要角色。

一方面因為貿易與生產的需求，城市經濟對於農村勞動力更加依賴，城市已經沒有農作物的耕地，另一方面又需要來自農村的人力投入製造。然而，成為城市住民仍然需要具備一定程度的權力與財力，或是能替具備權力與財力者提供知識、技術或勞力服務的人。

6　中產階級的定義不是因為某種經濟條件發展出來，而是建立在可能性的條件之下，例如教育、收入、技術等良好條件。Smith, 2021: 223。

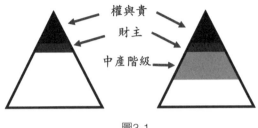

圖3-1

　　到了十九世紀，金字塔概念中的高度則是社會地位與經濟的差距。

二、紡織機改變了城市

　　在船艦四海掠奪的年代，殖民國家透過殖民地與奴隸貿易，帶來了巨量的外地資源。以英國爲例，從十六世紀到十九世紀基於羊毛製品的需要，將近有三個世紀的「圈地運動」，貴族趕走農民將土地圍起來養羊取毛，間接創造了大批投身都市的勞動力。

　　到了十八世紀「製造工業」的型態出現革命性的改變，城市的面貌也產生變化。這個變革，英語稱爲industrial revolution，一般翻譯爲「工業革命」，這個革新重點不只是「製程」，也是「產品」。

　　究其根源，在1733年間從紡織工業開始，依賴新式機器輔助改良紡織技術，有效提升產品的生產數量與品質，伴隨著紡織業的需求，上下游工廠開始利用機器改善各種製程，包含原

料處理與成品運送的技術。1769年出現改良的蒸汽機，經由一系列技術革新讓各種機具性能更加提升。

　於是，產品製作過程從零星手工勞動，改為由動力機器生產，創造大量製品，透過貿易刺激更多需求。開設更多工廠就需要更多工人的循環，原本只是提供勞動力服務的人，變成維繫經濟的重要資源。

　新式機具與工業產品需煤、鐵、鋼與銅等原料，重要礦物產地附近的市鎮優先發展為「工業城市」，沒有鐵路與汽車的年代，貨物的運送依賴速度緩慢的人力與獸力。如果將工廠設在具備高度商業活動的大城市，不但可以就近找到勞動人口，還可利用城市原有的貿易網絡以及道路系統，對於產品的流通更加方便。

工業城市與商業城市

　　工業城市或商業城市提供許多就業機會，吸引農村居民遷居城市；大量工業產品湧入市場，也使原來已有的商業城市日益擴大。

　　用今日的標準來看，那個年代勞工的地位與待遇是很令人震驚的，當時沒有所謂的「勞資關係」的概念，在工廠老闆眼中，勞工只是生產機制的一部分，必須花很長時間工作才能換取低廉待遇維持生活。

　　工業革命對城市的變革是漫長的過程，經過將近一百年的累積，工業與商業兩大動力造就了全球許多大城市。但也因為人口成長，土地、水源與食物的需求提高，大量的生活與製造業的汙水、廢棄物等等都超過城市可以負荷的標準，導致原本就缺乏基礎設施規劃的城市生活品質更加惡劣。雖然城市充滿機會，但是在城市中生活的人也必須面對更大的危機。

　　十八世紀到十九世紀之間，大量農村人口往城市遷移，長時間下來城市勞動人口大量攀升，導致城市生活品質低落。

　　相較於快速發展的城市經濟，空間改造計畫卻進行得十分緩慢。不論政府有沒有改善的行動，最先受害的人，都是社會與經濟弱勢的勞動者，雨果寫的《悲慘世界》一書描述的是十九世紀初工人偷麵包被判刑的悲慘生活。在當時，馬車在泥濘街上奔馳，貴族眼中是看不見平民的。

　　雨果的書中也記載了當時巴黎市區的下水道，以及1832年反對法國王室的共和黨人在巴黎街頭起義，用桌椅、門板、樹幹將狹窄巷道圍起來，跟國王的士兵使用毛瑟槍對峙的場景。

經濟或社會關係弱勢的人，想要進入城市尋找更好生活，往往必須犧牲生活品質為代價。當城市邊緣以及經濟衰敗地區舊房舍已經擠滿移民，後來的人們只好在行水區、山坡地、垃圾堆或汙水匯集區尋找落腳處。未經合法營建程序自行興建簡陋住屋，就法律的觀點這種聚落是「違章建築」，就住民經濟弱勢的角度是「貧民區」，本書採用「棚戶區」一詞。

　　棚戶區在城市中出現並非單一原因，是由經濟、政治、戰爭、就業需求與資源不足等複合的因素導致。工業革命至今三百年多來，棚戶區住民勞動力與大城市經濟之間有複雜的依存關係。

　　在全世界靠近相對富有的地區，常會有棚戶區出現，這兩者之間有勞力與收入的供需關係。如果城市經濟逐漸好轉，財富分配良好，這些棚戶區住民逐漸會被城市正式營建的房屋吸納，終究消失，但大部分棚戶區都存在很長的時間，住戶人口歷經幾個世代仍持續成長中。

　　隨著科技發展以及快速流度的知識與貿易，生產與服務進行全球性分工，貿易藩籬降低形成「全球化」經濟體，國家與國家之間的界線因為複雜的經濟貿易而模糊，政權需要與跨國企業保持良好關係[7]，但是，人們往大城市移動的趨勢並未因而減緩，就算到了今日，全球每十六人便有一人住在棚戶區[8]。

7　Friedman, 2007.

8　Graham, 2020: 141.

三、城市變成大都市

　　人口持續往都市集中形成「都市化危機」，大量的移民在不該建造房舍的地區建造居所，這些地區公共設施不足導致生活品質惡劣，興建住宅與安置成為城市重大課題。

　　第一次世界大戰之後，英國在1919年提出具體對策，並且展開一連串的行動介入，包括租金控制、棚戶區清理、興建低租金的「市政住宅」（council housing）。

　　因為土地取得、興建與管理的費用由政府負擔可以降低租金，有的住宅設定短期居住的期限以便協助更多人。這種性質的住宅有不同的名稱，一般的定義強調由政府興建管理稱為「公共住宅」（public housing），由民間非營利組織興建的稱為「社會住宅」（social housing），這兩名詞經常混用[9]。

　　從經濟角度來看，這是一種因應住民租金條件與政府財政負擔下的住宅類型，興建的費用是來自人民的稅收，必須考慮合理的投資，在經濟住宅中過度強調社會福利的概念，要求政府提供各種理想的服務機制，不但容易出現不符合政府投資比例原則的情形，也會變相地出現「政府助長貧窮」的情形[10]。

　　強調「階級流動與政府責任」是一種極端，「努力報酬與自由經濟」是另一種極端，經濟住宅政策往往是在「偏左」與「偏右」路線之間迂迴前進尋找平衡。

9　2021年行政院公告《住宅法》中的用詞為「社會住宅」。

10　Glaeser, 2012: 142-144.

自己房子自己蓋

然而，移居者的住房問題不須完全依賴政府解決，二十世紀中葉專家發展出各種「自力造屋」的機制，讓移居者負擔部分或全部的興建責任，既然移居者要蓋房子，何不先做環境準備或是加以適當引導，讓他們蓋出好的社區？

舉例來說，J. Turner 提出在空地上規劃道路，劃分每塊建地，統一建置水電管道與排水系統，讓移入居住的人利用簡易材料搭建自己的房屋的做法；C. Alexander提出尋找移住者文化特性的空間與工法，由專業者輔導他們自行興建的模式。近代更有建造一半或是將主要結構體完成的住宅，目的是讓移住者依照自己的需求與能力，入住後自行完成增建[11]。

這些做法不只是政府財政考量或是空間美學的課題，也有社會與心理層面的考慮，期待移居者透過自力造屋的過程建立自信與價值感。移居地的生活首要解決居住問題，再來就是經濟自主與社會關係的重建。

棚戶覆蓋的城市

二次大戰以後臺灣各大城市吸納大量戰爭移民，臺北市市區出現多個棚戶區，臺北市政府在1962-1975年間，運用「國民住宅基金」與建多處「整建住宅」。有些棚戶區的拆除安置計畫一直延宕，如1997年「十四、十五號公園」以及2001年「寶藏巖」等。

---

11 智利2004年金塔蒙羅伊住宅（Quinta Monroy Housing），以及2013年綠屋（Villa Verde Housing）。

臺灣西岸港口貨運與營建工程需求大增的時期，在基隆、桃園、新北的河川與水岸邊出現數個棚戶區，最晚到2010年才有明確的安置計畫。

在此同時，臺灣各大城市的屋頂、陽臺、法定空地出現各種「可負擔的需求性增建」，增建的工程從簡易搭建到完全看不出是增建的都有，要看住戶經濟可以負擔的程度來決定增建的方式。至於需求則有「最低限度需求」以及「無限欲望滿足」不同的類型，舉極端的例子來看，前者是住家陽臺加蓋外推鐵窗增加室內面積，後者是占用國有土地建造豪華住宅與招待所。

當這些違反政府營建法令的建築如星火般蔓延各大城市，政府無力全數拆除又必須依法加以管理，1994年起許多縣市政府陸續公告「特定時間以前的既存違建」得以緩拆，但這樣做並無法有效遏止有需求的人繼續增建；2015年政府又發布「逾二十五年樓平屋頂建築物可搭蓋斜頂防漏設施」，企圖在合法範圍回應市民的真實需求。

四、城市補血

將「城市─農村」的關係放大來看，不同經濟水平的國家之間也有類似的移民潮。執政者為了解決這個問題進行安置，需要動用稅收的資金，如果安置花費的投資無法降低社會衝擊或是創造經濟效益，大量安置只會吸引更多的移民持續進入，造成政府財政負擔。

二十世紀西歐與北美已開發國家，吸引大量經濟移民就是最好的例子，區域戰爭與經濟落差造成大量的移民跨越國界移動，難民收容是國家與國際組織的重大負擔，政府需要有充裕財力以及能力將這些人力轉換成為社會資源，否則財政終究會被拖垮。

　　德國政府在二十一世紀初大量收容移民，有系統地將外籍移民轉化為社會生產力。先是集中安置在大城市的閒置空間，例如：舊機場、體育館、學校等臨時居住場所，有利於取得協助資源，經過一定時間學習與適應之後，再安排個人或家庭到小城市生活就業。這種做法一方面可降低大城市的壓力，二方面可以改善城市因為「少子化」而降低的人口數。

■ 關鍵搜尋：中華商場，十四、十五號公園，九二一組合屋，八八風災永久屋
■ 寶藏巖國際藝術村（臺北市），杉林大愛村（高雄市），三峽原住民文化園區（新北市）

第
08
講

可以散步的城市

當大量人口往都市集中，城市中各種資源必須有效運送，早期的城市規劃並沒有預期會擠進這麼多人口，隨著城市聚居的範圍不斷擴大，原本位於中心的舊市區因空間與道路狹小，跟外部資源運送距離加大等因素逐漸衰敗。

城市擴大需要增加住房、道路與基礎設施，在舊市區興建下水道不是小工程，需要把道路挖開、房子拆掉；從都市發展的角度來看，這是都市再發展的轉機。

許多城市因應都市化危機對城市進行大手術，有的是針對舊市區進行改造，有的則是創造新的市鎮。本單元用十九世紀巴黎與巴塞隆納市區改造計畫，以及二十世紀初臺灣市區改正計畫來說明。

一、河右岸是什麼？

人們對巴黎的印象是充滿路邊咖啡館與書店的「河左岸」。先說河川的左右岸怎麼分，想像你站在河中央，面對著河水流向，左右手分別就是左右岸。那麼，為什麼河左岸具有人文薈萃的意象？河右岸又是什麼？這跟十九世紀中期巴黎市區改正計畫有關。

巴黎市區發展起源於塞納河中的小島，羅馬人358年在這裡建城。經過幾百年王朝更迭，十一世紀起建立城牆保護市場與聚落的城市，1163年在河中的島上蓋起哥德式風格的巴黎聖母院，經過長期發展，成為市區人口密集地區。

十八世紀末經過法國大革命（1789-1799）與拿破崙兩度征戰（1805-1815）等幾次大動亂，巴黎在十九世紀初期仍是經濟繁華的大都會。只是，中世紀以來沒有改善的下水道、狹窄擁擠的市區道路，再加上工業化吸引大量來自農村的人口形成街頭遊民與棚戶區，一旦爆發傳染病，常在短時間奪走很多人的生命。

巴黎也是崇尚自由與不輕易屈服的地方，巴黎人對於昏庸的政府沒有耐性，1832年國會議員與貴族青年不忍了，發起推翻政府革命。起義者在巴黎街道堆起街堡，持槍對抗政府軍隊，雖然很快被弭平，但兩年後又發起更大一波，1848年歐洲民族之春（Spring of Nations）推翻了法王，由拿破崙三世即位。

奧斯曼計畫

拿破崙三世在1850年命奧斯曼進行巴黎市區改正，接下來的二十年間，巴黎市區出現重大變革，再次躍升引領風潮的世界大城市之列。巴黎市區改造目的是軍事、經濟、衛生與治安數個方面的。總共從1850-1872年期間共三期的計畫，涵蓋許多方面的巨大工程。

市區改正拆掉舊市區擁擠的髒亂的中世紀街區，並且以寬敞的大道，代替蜿蜒的小巷；創造寬敞優質的景觀道路與大型公園，加上植栽與街道家具；塞納河中島上舊社區也拆除增建政府大樓；新的計畫建造了一個現代化的汙水處理系統，有效改善衛生。

　　政府以主要道路兩旁土地向銀行貸款，取得建設經費。從經濟的角度來看，銀行提供建設經費貸款換取新開闢道路兩旁建築的權利，轉手租售給貴族與店家開設知名服飾用品商店，創造高度經濟效益，政府也在稅收與投資方面取得回饋。

　　可以想見，當時面對寬敞道路與大型公園第一排的房子價格有多高，絕對不是一般靠勞動力謀生的人可以負擔得起的。原本住在舊市區的窮人全數被驅離，在那個時代並沒有當今安置拆遷戶住民的觀念，形成另一個時代的悲慘世界。

　　從軍事管理的角度來看，市區被寬敞的道路切割，一個個街廓四周環繞著道路，有利於在市區與市郊間調度軍隊，如果再有市民反抗也很容易包圍消滅。果不其然，1871年巴黎市區再現數十萬市民集結，進行武裝獨立戰爭[12]，但兩個月後被政府軍夷平了。

---

12 巴黎公社。

圖3-2　奧斯曼市區改正後的巴黎街道

河左岸與漫遊者

面貌一新的市區街道加上經濟條件良好的都市，出現一群追求品味與都市的人，法國詩人波特萊爾首度使用「漫遊者」一詞形容這種新興的流行文化，隨著班雅明的著作[13]引起更多迴響。

巴黎在十七世紀因爲街燈與都市容貌得到「光之城」美名，大街充滿流行與浮華社會的意象，成爲歐陸重要經貿文化指標城市。經過長時間財富累積，社會出現大量中產階級，他們追求時尚、品味與新奇的事物。因爲經濟收入穩定，提供他們比較充裕的時間可以在街上漫步享受都市空間。

回到本單元開頭提到的「河左岸」的謎，究其原因，市區改正計畫大部分在塞納河右岸，左岸則保留了巴黎市區舊街道的傳統，一條河兩岸分開左右兩個世界，土地與建築的價值產生巨大落差。右岸是寬敞道路、政府大樓、貴族豪宅、建築新穎風格統一的五樓住宅；擁有公園與廣場、人行道、風格典雅的路燈街道家具、噴水池、路樹花臺造景等等；左岸是舊巴黎。

塞納河左岸不同於咖啡廣告中有人輕鬆在河邊騎腳踏車，前輪上方的荣籃中還放著剛買的鮮花那種氛圍，左岸是文學家、政論者、對政府不滿與理想主義者聚會交流的地方。再用河右岸香樹大道穿著「愛馬仕」[14]逛街的人來比較，更可以發現他們是兩種不同的城市人。

---

13 波特萊爾（Charles Pierre Baudelaire）；班雅明（Walter Bendix Schönflies Benjamin）《巴黎，十九世紀的都城》。

14 Hermes，創立於1837年，巴黎。

二、方塊組成的城市

在當今西班牙面對地中海沿岸,有一座城市叫做巴塞隆納,是在羅馬時期就已經出現的聚落,當時就是地中海重要商港,目前也是西班牙重要貿易港口。由於海港貿易的經濟優勢,這裡發展成文化自主意識強烈的地區,稱為「加泰隆尼亞」,這裡的文化經過幾百年間的發展,有自己的語言、文化與曾經維持獨立的王國。

這個城市冶鐵技術在中世紀就已經領先其他地區,可以製作出各種精良的槍炮火器,更加提高了貿易港口的地位。十八世紀末紡織業興起,隨著工業革命進展到了十九世紀中期,巴塞隆納成為紡織品和紡織機器的重要產地,更吸引大量人口從農村移入。

塞爾達計畫

十九世紀中市區人口劇增,老城區已經無法滿足人們的生活所需,1859年政府將老城區的中世紀城牆拆除,城市的擴張和更新正式展開。

塞爾達受命進行新市區規劃,他提出「都市規劃」(urbanism)概念,鄉村市鎮轉變為都市的過程稱為「都市化」(urbanization)[15],處理這個課題的人叫做「都市規劃

---

15 「都市化」的概念最早源於1867年塞爾達(Ildefons Cerdà)的著作《都市化基本理論》,使用了「urbanización」(英語:urbanization,都市化)一詞來描述鄉村向都市演變的過程。

者」（urbanist）[16]。相較於傳統城市的課題，大量人口湧進城裡找工作，龐大的聚落需要的生活資源已超越原本城市可以負擔的範圍，傳統的「城市」的概念與做法已不足以應付。

他在緊鄰舊市區的北方提出新的街區，街道整齊切割成正方形，將城市以133m×133m為單元劃分，單元之間有20公尺寬的道路，同時設置了兩條寬50公尺的對角線方向的大道。並且在正東西南北向加入兩條斜切的大道，以方便快速連通城市的各個角落。

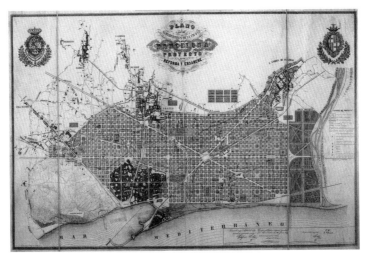

圖3-3　塞爾達的巴塞隆納都市規劃圖，市區改正後的街道

16　Sennett, 2020: 35.

這個規劃有幾個重要理念：

1. 打破貧富差距，保障市民生活品質，每人居住權利平衡。

2. 每個社區都有教堂、學校、警察局、公園、醫院等公共設施。

3. 建築不得高於四層樓高，單元的中心建立通風良好的庭院，讓住戶有足夠的休閒空間。

　　塞爾達計畫最特殊的地方除了講求生活環境的平等之外，每個方正的格子四角都被切掉成了「斜切角」，巴塞隆納獨一無二的「八角街區」稱號也就此得名。

　　街區轉角的斜切角對於交通安全來說具有實質意義，在馬車作為交通工具的年代，煞車的效果無法跟今日汽車比擬；這種設計有助於增加駕駛的視野，以便有效控制車行速度。建築物因為切角留下的街道轉角空間還能作為接送、卸貨車輛停放的緩衝區。

　　新的市政建設也帶來土地與建築價值提升以及重大經濟投資，兩條大道交會的中心地區「加泰隆尼亞榮耀廣場」因地利優勢成為了中心位置，而其大道上的房子也成為富豪置產的黃金地段。

　　當時規劃的方格道路與八角形街廓經過一百多年的發展，街廓房屋陸續增建與改建，街廓中還是維持口字型的空間，雖然有部分開放空間被圈入私人住宅，有些街廓屋頂也出現搭建，但至今當時規劃的市區還是維持格狀的街道原貌。

三、新高山與新市政

清領時期重南輕北，臺北城到1882年才開始興建，當時城牆與城門的格局十分完整，顯然對於越來越多外國勢力從海上侵擾有所顧忌，果然法國艦隊1884年10月在淡水登陸，企圖建立河岸據點進軍臺北，終被官兵擊退。

十年後1894年清國敗戰割讓臺灣，日本人到臺灣之後發現島上有座高山居然比他們神聖的富士山還要高，取名「新高山」，表示真正的「高山」還是在日本。

日本登臺之初諸多不順，一度想要將臺灣賣回給大清或是賣給法國，但遭到當時內務大臣反對而作罷，於是，那個認為應該繼續治理臺灣的大臣——兒玉源太郎就被指派為新任臺灣總督，回家打包即刻赴任，「你行你去做」的概念。

拆掉城牆蓋道路

1895年日本軍隊進入臺灣在各地遭受不同程度的抵抗，仕紳與民團自組「臺灣民主國」推唐景崧為大總統，但臺北城商民與日方密會開門投降，唐景崧棄戰逃到廈門；劉永福繼任後以臺南大天后宮為據點，但也在會戰前離城渡海它去，臺南城旋即陷落。

日本政府在臺灣的經濟策略是以臺灣的農業填滿國內因工業轉型而出現短缺的農業，並且取得臺灣農產、木材與礦產，將資源運送到基隆上船北運到日本；基於這個目的將清領時期沿著臺灣西岸的「南北路」[17]擴建為公路，並且在1908年西岸

---

17 黃智偉，2011。

鐵路全線通車[18]，當時臺北西城牆與臺南東城牆都拆除改設爲鐵道路。

日本政府治臺後從臺北城開始，陸續對臺灣各大城市進行「市區改正計畫」。對於新占領的城市採取的空間策略類似十九世紀巴黎改正切割舊市區的策略，拆除城牆拓寬道路，有利統治者「看見」新統治的城市空間[19]。

這些計畫對臺北城與臺南城的態度又略有不同，臺北城商民開門投誠，臺南城卻必須花力氣攻打才能得手，顯然兩處民風不同，從市區街道的格局看起來，在臺南市規劃了更高強度的空間控制架構。

---

18 東岸鐵路1926年通車到臺東。
19 蘇碩斌，2010。

圖3-4　臺南小西門舊城樓

1911年起臺南市的市區改正，除了將原有交通要道城門改爲圓環，並且在孔廟一帶另闢圓環，環中立有兒玉源太郎石像[20]。臺南市的市區道路透過圓環放射狀的布局，有利在市區道路上運輸軍隊，可以更有效控制城市與城郊的聚落。

原本是同心圓作爲防守的城市概念，變成在城市內有數個「圓環加放射狀道路」作爲統治的空間結構。圓環四周是當時臺南市政府、警察局、消防隊、氣象測候所等重要機構所在地。

建築風格也需要政治正確

當時官方建築的樣式多爲來自歐洲殖民國家傳統的建築樣式，以1919年完工的總督府爲重要指標，對後續在全臺興建的官方建築有引領作用。日本作爲亞洲第一個擁有殖民地的軍事強國，同屬一次世界大戰勝利國行列，大有透過這種建築符號的表徵，期待被世界認可之意涵。

到了1930年中轉爲「現代主義」風格，以跟上當時世界流行的建築思潮，例如位於大正公園旁的消防隊，再看1935年舉辦「臺灣博覽會」展出的內容，可以感受到強烈的現代主義的簡潔風格與現代化的科技感（圖3-5）[21]。

---

20 1916年官方名稱為「大正公園」，國民政府來臺改立孫中山銅像稱為「民生綠園」，1997年改為「湯德章紀念公園」。

21 程佳惠，2004：132。

圖3-5　臺灣博覽會海報

　　日治晚期以泛民族主義「大東亞共榮」為藉口發動戰爭，真正原因是因為其國內重工業對礦產與經濟資源的需求，先前已占領中國東北取得煤礦，再因覬覦馬來西亞的橡膠與印尼的石油，遂以臺灣為基地揮軍南下。從前仰慕的歐洲列強成為戰場敵人，在這樣的思維下重要建築也出現「形式正確」的「大和民族風格」，更有一較高下之意味，以1939年設計、1941年完工的高雄車站為代表。

圖3-6　臺南武德殿

　　在那個時代，官方建築的風格是特定政治與社會氛圍下，
業主主導建築師做出的決定。日治時期的臺灣城市空間，呈現
一種從過去的傳統轉向追求現代化的「表情」，在目前臺南市
中心「中西區」一帶散步，仍可感受到這種空間氛圍。

市民眼中的夏日街景

在民生經濟上，臺南西市場與臺北西門市場（今紅樓與十字樓）都是重新規劃過的，注重環境衛生的新市場。當時市街上流行物品的貿易大多透過日本人經營，1932年臺南、臺北兩地開設林百貨與菊元百貨，以進口日本最新用品為主。林百貨頂樓有間「稻荷神社」，商人用來祈福求財，不只如此，各地建造的神社也見證當時日本政府引進自己宗教信仰——神道教之足跡[22]。

日本在臺灣開設各級學校培養出大量的本地知識分子，臺灣青年[23]學習當時最先進的知識與技術，形成社會重要的市民力量，這個世代在藝術、文學、法律與醫學方面都有很高的成就。

1895年出生的嘉義畫家陳澄波，在他的幾幅畫作中呈現嘉義市區改正後開闢的「中央圓環」，這個圓環特殊之處是中央有個噴水池。日治時期市區改正同時也改善街道排水，並且建造先進的「水道」（自來水系統），這是對於城市公共衛生重大提升的建設。

---

22 國民政府遷臺之後拆除神社改建「忠烈祠」，「鳥居」改為「雙十牌樓」。政權控制下政治信仰與人民的關係不變，只是替換了內容，符號的政治正確成為重要指標。

23 在日本統治的殖民區概念上大家都是日本人，臺灣本地人將來自日本的人稱為「內地人」，來自朝鮮的人為「半島人」，自稱「本島人」以示區別。

圖3-7　臺南林百貨

水道關係民生用水，在乾熱地區街道上設置流動的乾淨飲水與水池供民眾取水，是沿自羅馬時期就有的市政建設。

「圓環」與「噴水池」都是1850年巴黎市區改造才出現的最新城市文明象徵，噴水池特別之處，除了運用當時最新科技之外，它不是為了特定民生功能，也不是某位「偉人」的雕像，而是提供所有人觀賞的景觀。1915年嘉義市區街道這兩個元素，可說已經具備當時先進城市之理念[24]。

老舊城市經過市區改正後，新的街道設計創造了優質的都市空間，巴黎市區「供人行走的街道」以及巴塞隆納「公平與分享」等理念成為當時新興的城市設計思潮，市民使用城市的權利得到重視。

班雅明當年使用漫遊者一詞的意涵與今日稍有不同，當時是指稱「具有特定文化品味、自以為是的中產階級」，經過一百多年時間與空間距離，這個用詞已不見那個時代的「上流社會味道」，偏重「都市環境觀察與體驗者」的概念。

廣義地說，人人都是城市漫遊者，在這樣的理念下，城市是要給人們散步的。

---

24 在氣候多雨溼熱的臺灣，公共空間的水景不但因為青苔與落葉造成管理上的麻煩，對於為創造舒適氣候的調節作用效果有限。但是，七彩霓虹噴泉人人愛，還是吸引很多人駐足觀賞。

■ 關鍵搜尋：奧斯曼（Baron Georges-Eugène Haussmann），塞爾達（Ildefons Cerdà），班雅明（Walter Bendix Schönflies Benjamin），漫遊者（Flâneur）
■ 本地參訪：乙未戰爭紀念公園（桃園市），國立臺灣文學館（臺南市），忠烈祠暨神社文化園區（桃園市）

第四篇

汽車與升降梯

第
09
講

速度改變了城市

　　二十世紀產生許多科技革新，本單元介紹其中兩件，一是高速水平移動的汽車，二是垂直上下的升降梯。速度科技對於城市空間產生重大影響，本單元從1911年發生的兩件事情說起。

　　那一年八月臺灣南部出現大颱風，颱風眼經過恆春、高雄、臺南市區。根據當時臺南測候所記錄顯示日最大平均風速38.2m/s，相當於十三級風[1]，至今仍為臺南地區測到的最大強風。颱風過後舊市區許多重要建築遭到摧毀，加速市區改正的進度。

　　同年十月發生另一件大事，清國軍隊武昌營區出現叛變，軍人發難攻占軍械室，起事之初只有兩千人擁槍與朝廷官兵對槓，沒想到一路延燒到華中與華南各省。不敵革命軍隊各地揭竿起義，龐大的帝國於四個月又兩天後倒塌。

1　中央氣象局南區服務網站。

圖4-1　臺南氣象測候所

一、輪胎與革命

　　滿清倒臺是很多遠近因素綜合下的結果，一般印象中總是「腐敗」、「積弱」，打仗打不過外國人，做生意也輸人家等等，這些都沒錯。

誰推翻了滿清？

認真研究一下細節，當時鐵路建設進入四川，政府開路徵地，只給一張大清公債叫做「租股」，意思是「以後鐵路通車賺錢了再分你」。

沒想到1910年上海股市大跌，官員抱薪救火，把股市搞爆了，宣布「租股歸零」，債券變成廢紙了！這一來引發四川民眾集結暴動，稱爲「保路運動」。

經濟原因帶動軍事布局，卻引爆了在部隊中埋藏已久的火藥庫。清國調動武漢地區「新軍」入川鎮壓，亂事才剛平定，卻給了後方留守武昌的部隊大好機會[2]，在新軍部隊中串聯已久的革命團體決定付諸行動。

奉旨率兵平亂的總理大臣袁世凱，與南方革命軍隊談好條件，1912年初逼迫京城中六歲小皇帝溥儀退位，另立「五色旗」爲幡，創立新國號，擔任「中華民國」大總統。

五色旗是當時重要的民族主義理想，圖案是由五個橫條顏色組成，由上至下代表「漢、滿、蒙、回、藏」五族，這個理念是來自清政府立憲革新時期曾經倡議的「五族共和」。前清官員接掌政權之後，沿用這個觀點創造了五族加總的新民族「中華民族」，只是這個排序有「前後」，圖案有「上下」，還是惹來非議，1928年被換掉了。

2　藍弋丰，2012。

中華民族與五色旗排行第一的漢族都是「具有政治意涵的民族分類名詞」[3]，不論是先前的「驅逐韃虜」或是後來的「五族共和」，都是當時人們所推崇的價值。

在清政府倒臺的故事中仍然可以看到「政權」與「信仰」兩者的關係；然而引爆的關鍵卻是政府將經濟搞砸了！回來說一下經濟這件課題，上海股市崩盤跟其中一支指標性產業股——橡皮有關。

橡皮股人人愛

橡皮來自橡膠樹，原產地在巴西，天然橡膠是橡膠樹的汁液，遇熱融解遇冷凝固，品質不穩定，早期並未受到工業科技重視。

1839年美國人發現橡膠原料經過硫化處理，品質穩定又耐高溫，可以作為優質的工業產品，橡膠樹也變成高經濟價值作物。1876年英國人從中美洲將橡膠樹移植到英屬殖民地馬來西亞，掌握原料供給產地。

從此橡皮被廣泛應用在各種工業產品中，其中一項是汽車輪胎；蒸汽機原理驅動的車子在十七世紀就已出現，現代汽車一直到1885年才問世。

3　秦滅六國之前各城邦有自己的認同，齊人、燕人、楚人、魏人、趙人、韓人等。秦王自稱皇帝，登基十五年後倒秦烽火遍地，率先攻入咸陽的劉邦一度戰事不利退守漢水流域「漢中」一地，後來打敗項羽稱王，國號「大漢」，六朝遺臣不容再有二心，天下人都是「漢人」。至今「漢族」一詞的用法已失去原本的脈絡。

早期的車輪是用木頭做的，在路上高速行駛，其顛簸的效果可想而知。1888年管狀充氣的輪胎問世，裝在汽車輪子上改善人員搭乘與貨物運送品質。

　　十九世紀末汽車需求與產量提高，但還是停留在精緻手工打造的高級品階段，造價很高，沒有特殊身分與財力無法負擔。1908年美國福特汽車推出「生產線」的概念，提高產品生產效率，當時「T型」車款，一輛300美元，相當於工人一年薪水，可以用今日基本工資乘以十二個月來換算相當的價值感。

　　美國汽車廠需要的橡膠從哪裡來？雖然原產地在巴西，但是現代化種植採收卻是在亞洲。二十世紀初上海市區有各國租界，是國際商會公司落腳處的重要國際金融中心，沿海港口也成為從印度與馬來西亞運到美國的橡膠的轉口站。

　　據統計在當時全球122家橡膠公司就有40家設在上海[4]，橡皮股票成為人人的最愛；股市崩盤悲劇發生在1910年，上海股市橡皮股行情先是暴漲，同年大跌，導致一連串的骨牌效應，後來的事大家都知道了。

4　藍弋丰，2012：36-39。

圖4-2　早期汽車

二、移動的箱子

工業革命以來，各國搶著發展重工業，彼此間政治、社會與經濟多面的衝突導致二十世紀初的世界大戰，戰時對於軍工產業的需求又更加促進了重工業發展。

戰爭需要將大量的人力與物資送到前線，德法邊界幾百萬人需要的補給品仰賴馬車與新問市的汽車運送。同時，軍事武力相當的雙方軍隊陷入漫長的壕溝戰，在鐵絲網與機槍陣火網中雙方都沒有進展。

讓路給鐵殼車

早在1903年初有位奧地利軍事工程師京特‧伯斯汀（Günther Adolf Burstyn）奉命改良大炮，提高射程。他想要將大炮裝在汽車上，加厚裝甲保護裡面的炮兵，就像在鐵殼船上裝大炮一樣，是「陸上炮艇」的概念，但是當時奧地利與德國軍方都不買單。

直到一次大戰發生後第三年，1917年英國人才將裝了大炮與履帶的車子送上戰場，稱為「坦克」。坦克這個字是英文「水箱」（tank）的音譯，英國軍方使用這個字一方面是不想要軍情洩漏，一方面早期的坦克看起來就像是鐵殼做的大水箱。

1918年法國雷諾車廠，製造為數眾多的輕便坦克進入戰場，坦克是移動的城堡，跨越壕溝壓扁鐵絲網直奔對方家門口，在決戰日成為獲勝關鍵，同年十一月德國投降。

坦克的任務並沒有隨著戰爭而結束，1919年1月英國蘇格蘭首府爆發罷工潮，數萬名工人在喬治廣場舉行大規模罷工，要求縮短每週工作時間，並與警察爆發衝突[5]。英國政府出動軍隊進入格拉斯哥市區，將大量坦克停放在喬治亞廣場展示，這個廣場也被稱為「坦克廣場」，罷工最終被政府鎮壓平定；這是第一次政府出動坦克對付市民，但不是最後一次。

　　一戰之後，全球工業國家深知重工業對於國家軍事與經濟的重要性，各地繼續開挖鐵礦。同時，汽車逐漸成為現代化的象徵以及帶動經濟的動力，全球大城市因為這種新型態的交通工具，加寬道路，擴大規模。

　　1912年臺北市區已有民營公車系統，1930年政府徵收改為官方經營。1935年臺灣舉辦史上第一大博覽會，為了汰舊換新，臺北市購買90輛新式公車[6]。

　　幾年後爆發的二次大戰捲入更多國家，大量軍工需求導致汽車源源不絕製造出來送上前線。戰後汽車廠繼續提供產品滿足商用與民用需求，私人載具大量進入城市，全球各大城市出現更寬更直的道路，鄉村田野則有鐵路與高速公路穿越其間。

　　於是，以汽車為本所設計的城市誕生了[7]。市長、開發商、建築師與城市規劃師紛紛提出自己夢想的城市藍圖，舊市區再度面臨大手術與大建設。

5　史稱「喬治廣場之戰」。

6　程佳惠，2004。

7　除了道路與停車場的需求大增，城市也出現一些新潮的場所，例如：1933年汽車電影，1946年得來速銀行以及得來速漢堡店。

升上去，降下來

　　光是「更大」不足以填充人們心中的渴望，還要「更高」。自從十九世紀末巴黎艾菲爾鐵塔加裝電燈，成爲夜間閃閃發光的地標，在城市中蓋一座更高的大樓是許多人的夢想。

　　高度也帶來新的問題，如何將人與物品從地面運送到高樓層？工業革命以來，新科技讓人們可以實現更多的信念，跟汽車一樣受惠於蒸汽機的科技產品還有很多，其中有項與城市相關密切──升降梯。

　　升降梯是人類古老的發明，早在兩千年前羅馬人的競技場中，便透過人力或獸力拉動的箱子將「被參與」競技的動物從地下室送到場中央。

圖4-3　羅馬競技場

十九世紀透過蒸汽機動力提高升降梯的性能，當時就有自動煞車與自動按鈕的發明。1932年臺北菊元百貨與臺南林百貨同時裝了臺灣最早的客用電梯，成為當時超級熱門觀光景點。早期蒸汽動力的升降梯一分鐘上升10公尺，現今「臺北101」超高速電梯每一分鐘上升1,000公尺，速度提高一百倍。有了升降梯，大樓可以往上蓋得更高，也可往下以挖更深。

三、看不見的，速度最快

經由全球各大城市間貿易拓展，國界之間的藩籬逐漸消失，加速朝向「平面」發展。這個平面，指的是跨越高牆、語言、關稅、國界等各種障礙的「全球化」趨勢[8]。

全世界使用各種不同語言的人們，可以在自己的家鄉透過科技共同建造「巨塔」。在1969年人類登陸月球，對於高度的挑戰更是突破大氣層障礙了。

二十世紀中有一件新科技問世，更加拉近世界的距離，人們在滑指之間，資訊與意識可以快速流動傳播；高性能電腦在1970年代登場至今，電腦與網路透過現代技術已經跟生活緊密結合。

早期電腦是一臺房間大小的計算機，經過很長的時間運算，可以解答「小學生的數學」。現代電腦體積小，速度高，功能強大，不只透過自動化取代人工，隨之而來的網路科技也創造人類前所未「見」的虛擬空間。

對城市設計來說，這是憂喜各半的科技，先說壞消息。

8　Friedman, 2007.

有了網路，誰還上街

路易十四在巴黎街上掛滿街燈，奧斯曼開闢的香榭大道盡是紳仕淑女，清明上河圖街道上排滿小販店鋪，這些都說明了一件事情：人們需要上街。街道是人類社會重要的發明，逛街是維持個人以及城市運作的重要行為。

這一切美好的城市空間經驗，逐漸被網路科技取代了，人們在家中上網，滑指間可以看到全世界最新的影片，買到最稀奇的物品，吃到地表最強美食，不用出門就可以跟成千上萬位網友互動。

這都很好，也都不好。試想，一個人要去看表演，需要先打點自己的穿著，聯絡家人或朋友一起出門，搭乘二十世紀發明安排的大眾運輸工具，選好異國風情布置的餐廳吃飯，路過新落成的公園觀賞一下新式噴霧投影造景，廣場上巧遇街頭藝術家，走在人行道迎面而來是樹上飄落的花瓣，走累了找張路邊鑄鐵加塑化木座椅休息。

如果人們不用出門，商店沒有人光顧，門面不用裝潢，街道沒有人走動，也不用設計景觀了，如此一來，城市文明會逐漸消退。

人們會不會像1895年小說《時光機器》寫的情境，在八十萬年後退化成住在地底下的兩眼通紅、身體蒼白的人猿？

從正面來看待，透過網路知道世界上有這麼多地方，讓人們更想要旅行，網路上認識更多的朋友也提高了人們互相見面的欲望。許多店面與景觀設計針對需要拍照上傳網路分享的

對象（通稱網紅），透過社群平臺分享可以吸引更多人潮來光顧，流量越高代表實體與線上雙重商機都會更好。

在疫情蔓延的時間，網路也是人們在家工作與生活，維持社會互動的重要媒介；沒有網路，各種管制與缺乏人際互動會讓人們陷入心理與生理的困境。

更高，更大，更快

繼各種機械引擎成為車輛、船艦、飛機動力的革命之後，電腦科技在戰爭時期也成為情報與資訊站的武器，二戰時期英國數學家圖靈（J. M. Turing）為了破解敵方密碼，發明「自動解碼的機器」；經過八十年的進化，馬斯克（E. Musk）的低高度衛星在烏克蘭上空傳遞俄國坦克的資訊，也是為了同樣的目的——阻止侵略。

總結二十世紀快速發展的科技，將城市往三個向度拓展：垂直高度、水平距離、網路速度（圖4-4）。是什麼因素吸引這個「城市文明之球」繼續膨脹？是政治，是經濟，是信仰，還是潘朵拉忍不住要打開盒子的好奇心？

潘朵拉的盒子打開之後，各種追求速度的科技讓人們移動速度更快，建築蓋得更高，城市範圍更大。

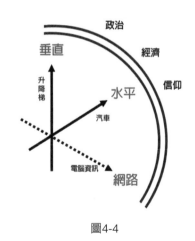

圖4-4

■ 關鍵搜尋：福特汽車，赫伯特威爾斯（H. G. Wells）《時光機器》
■ 本地參訪：林百貨（臺南市），臺北101（臺北市）

汽車亂竄的田園

　　在汽車占領城市道路之前，十九世紀中蒸汽動力帶動的火車沿著鐵路已經開始在城市間移動，大量且快速地運送原物料與工業產品。工業革命以來，工業區對城市造成的汙染、大量來自農村的勞動力造成居住空間與資源不足、1885年汽車進入已經夠擁擠的城市，這些都給城市帶來新的危機。

　　二十世紀城市大變身的序曲是世紀交替的前兩年，1898年英國霍華德出版《明日，邁向和平改革之路》[9]一書。二十世紀初跨國建築師與城市規劃領域出現一種新的思潮，許多專業者在1928年組成「國際現代建築協會」（簡稱CIAM），現代建築的理念隨著這個社團裡面的幾位指標性人物積極推廣，對城市規劃產生深遠影響。

9　Howard, 2021.

一、是最壞的城市，也是最好的城市

　　《明日，邁向和平改革之路》是一本關於土地與城市規劃的論述，從書名可以看到，他的重點是「和平的眞正改革」。該書再版時候書名改爲《田園城市》（*Garden Cities*），由於「田園」這個名字帶來美麗景觀的意象，粗心的讀者往往產生誤解[10]。

　　霍華德的理想對於二十世紀初城市理念有重大啓發，特別強調「和平改革」，顯然當時有「非和平改革」的論述與行動，先看一下當時的背景。

---

10 有些城市以公有閒置空地綠化當作「城市花園」，或將屋頂綠化稱作「田園城市」，只能說是名稱相似，意義不同。

十九世紀後半期的歐洲是工業城市生機蓬勃的年代，也是市民對於社會權貴長年累積的不滿開始爆發的年代。早在拿破崙戰爭失利之後，先前被他追著打的歐洲國家擔心國內動亂，各項法規更加嚴格限制人民集會結社自由。直到英國1824年廢除禁止集會與成立組織的《禁止結社法》[11]之後，各種工會組織蓬勃發展，爭取改善工作與生活環境的權利。

　　當時人們有個疑問，既然組成市民的大多數是低收入的勞工，為什麼市政建設卻由少數貴族決定？難怪我們都得不到資源！當時英國作家狄更斯的小說《孤雛淚》與《塊肉餘生記》，可以看到那時候社會底層生活的窘迫以及市區環境的不堪。

　　1848年馬克思提出「共產黨宣言」與「資本論」，為「激進左派」提供論述武器，替後來俄國與中國武裝革命打開門窗。

小市民，大運動

　　英國自1836年起有個爭取工人選舉權的「憲章運動」，過程中幾次叩關「下議院」都被否決，市民與政府的衝突不斷，政府乾脆下令解散運動組織；一直到1867年下議會才增加工人代表席位[12]，市民參政權的改革仍是漫漫長路。

　　焦點從英國往南過了海峽來到法國，巴黎在十九世紀末有大事發生。巴黎市區改正雖然帶來二十年榮景，但是緊接著1870年因為跟鄰居普魯士（後來德國）戰爭打輸，巴黎被包

---

11 呂進財、林爵士，英國19世紀前期工會運動與憲章運動關係探析。

12 Thompson, 1984.

圍，歷經四個月炮轟之後法國政府投降，雙方和平協議其中一項是普魯士軍隊穿越巴黎人驕傲的凱旋門，列隊通過市區。

　　這一連串的挫敗引發巴黎市民不滿，數十萬原本保衛巴黎市的國民志願軍集結武器，在普魯士人離開後進行城市獨立戰爭，趕走政府軍隊，建立自治政府「巴黎公社」，並且制定多項觀念進步的法令，包括「政教分離法令」以及「女性參政權」。

　　政教分離法令將所有的教堂財產變為公共財產，並且把宗教教育從學校去除，教會可以繼續從事宗教活動，但教堂大廳必須在夜間開放供民眾進行會議，人們可以在街道、咖啡店與教堂空間自由走動，實現 Nolli Plan[13] 視角中都市開放空間的面貌（圖4-5）。

圖4-5

---

13 Giambattista Nolli 1748年畫的羅馬市區圖，引自Gosling & Maitland, 1985: 42。

女性參政權在當時是領先各民主國家的舉動，紐西蘭在1893年開放，美國則到了1920年才開放。

巴黎公社維持六十天後被政府軍隊解散，煙硝散去街道復歸平靜，保守主義者繼續管理城市。市民城市來臨的時機，還需要繼續等待。

田園城市這樣蓋

不只英法兩國，十九世紀後半期世界不平靜，美國各州因為「蓄奴議題」分成南北，打了四年內戰；清國因為「鴉片經濟」被歐洲各國攻打好幾輪，又在旅順打輸日本，終究割讓臺灣與澎湖議和；歐洲殖民國家在非洲為了搶奪殖民地，踩在別人家土地互打。可說到處可見貧富不均的人在街道上起衝突，武力不對等的軍隊在國界上戰爭。

英國工業革命開始最早，也最早完成農業到工業的轉型，但是城市還有許多問題沒有解決，尤其是工業造成的環境汙染、弱勢住民的居住品質、貧富差距與資源不平均等等現象。

霍華德的理想是打造一把「萬能鑰匙」，用來打開所有枷鎖；這把鑰匙分成四個部分，轉把部分有「健康、休閒、教育」，杆上有兩個詞「科學、宗教」，鑰匙頭是「新土地上的新城市」。這張圖並沒有畫出「鎖」，而是用一小片從鑰匙頭切下來的圖案，代表要「移除」的課題（圖4-6）。

圖4-6

　　這個理想城市的空間改革有幾個重要理念，包括「無貧民窟無煙塵的城市」、「地主地租的消失」、「行政機構配置」與「新供水系統」。從現代觀點來看，比較像是透過新的土地規劃與社會改革創造低汙染、高公共服務效率、符合公平正義的城市。

　　同時，基於各項資源的管理與合理分配，將一個大城市分成「核心」與「衛星」的概念，城市之間用鐵路與公路連接，一改當時工業城像大鍋菜一樣，什麼都放在一起的混亂情況；將各種不同層級的「功能分區」，並且小心計算每一個分區中的土地面積與人口數的合理關係。

霍華德創造的理想城市原型是當時人們前所未見，他的圖像具有強大的溝通力量，提供一種很容易理解，但也很容易誤解的資訊（圖4-7）。直觀來看，大小圓圈代表城市的範圍，較粗線條代表運輸道路，道路以外「空白」的地方不是房子就是田園？

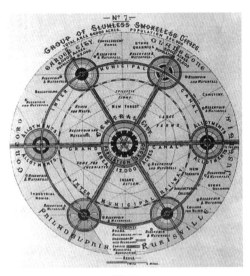

圖4-7

　　新城市的架構一改舊市區的意象，相較於老舊城市進行市區改正面對的諸多困難（市民抗爭、經費龐大、新舊系統整合等難題），這種新的城市很讓人心動，如果可以重新蓋一座該有多好？

田園城市提供一種新願景，而汽車成為實現這個夢想的新科技。

二、陽光、空氣、水以及汽車

一戰結束之後，經濟復甦帶來十幾年的榮景，1929-1933年間全球又陷入經濟大蕭條，「現代化」帶來強大幸福以及巨大痛苦，人們在自己創造的廢墟中尋找重建的希望。

國際樣式，現代主義

1929年在歐洲有一個跨國際的建築師團體CIAM，積極地尋找「新建築」的機會。CIAM對現代建築的發展產生了深遠的影響，成員致力於將現代主義的建築原則正式化。

1933年CIAM會議討論「功能城市」的原則，將CIAM的範圍從「建築設計」擴展到「都市計劃」，認為城市面臨的「社會問題」可以通過「嚴格的功能分區」和將人口以「大尺度的間隔」分布在「高大的住宅」來解決。他們將建築視為一種經濟和政治工具，通過建築設計和都市計劃來改善世界。

CIAM成員中創始成員之一柯比意（Le Corbusier），可說是很早就看出機器會改變城市的人，他描述未來的都市是由許多的大樓組成，大樓分散建造在一個類似公園的地方。

柯比意在1930年提出一個遠大的計畫，要將巴黎塞納河右岸市中心大規模拆除，放入他規劃的新城市，這個現代城市將舊市區的小街廓、蜿蜒巷道、街區內院等完全移除。在「現代」大浪潮下，「傳統」沒有容身的角落。

這種觀點跟二十世紀初各種機器快速改變人類生活、改變城市的趨勢有關。他的經典名句是「住宅是居住的機器」，在他規劃的城市呈現新的「空間秩序」，沒有「場所個性」藏身之地。他的城市叫做Ville Radieuse，Ville這個字的概念是「具有特殊品味的建築」，翻譯成「別墅」；Radieuse是「放射狀」的意思，道路像光線一樣四通八達的概念，常常翻譯成「光輝城市」。

圖4-8　柯比意Plan Voisin模型照片。引自Tzonis, 2001: 80。

　　在光輝城市中，光線充足、空氣流通、水質乾淨；具備「陽光，空氣，水」的良好品質。高層住宅樓的底層全部採高

架，高速公路以網格狀分布在樓宇之間，停車場直接與住宅樓相連，地面層作爲連續型的公園，行人可以自由散步。

　　CIAM主要理念與影響力對於城市規劃與都市計劃領域一直具有影響力，美國建築師路易斯康（Louis Kahn）曾提出一個汽車與高樓結合的手稿圖[14]，可以當作這個時期美好想像的經典（圖4-9）。1950年代CIAM新舊成員間理念不同導致組織解散，世界各地城市規劃理論進入多元的時代[15]，各地民族國家獨立運動以及北美與歐洲城市掀起的市民運動，人們開始對於半個世紀以來，政府與專家「從天空看城市」的視野提出質疑。

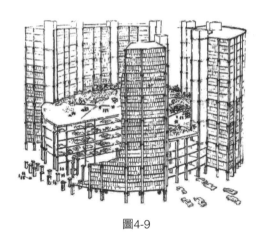

圖4-9

---

14 Bell, 2001: 30.

15 例如：荷蘭「結構主義」、日本「代謝派」、美國「參與式設計」。

郊區都市化

　　二次世界大戰結束，從前線返鄉的年輕人投入各種生產行列，創造經濟復甦以及戰後嬰兒潮。汽車、公路、新鎮開始在大城市郊區展開，是城市發展史的嶄新一頁，其中最經典的是美國。

　　1950年代美國開始加速高速公路建設，這些高速公路一開始是為了增加運輸效率、減少點對點之間的運輸時間。高速公路的設計理念是封閉道路，沒有交叉路口以減少讓路或等紅綠燈的干擾，可以高速行駛，公路上多條車道方便高速與慢速車輛分流。

　　這些方便性導致利用這些高速公路前往市中心的速度遠遠比利用普通都市街道要快得多，人們可以快速從遠距離的郊區進入市中心。越方便的公路帶來越多車輛上街，越多的市鎮沿著公路興建，城市外的郊區變為城市的一部分，再更遠的鄉村發展為郊區。

　　造成這種情況也跟市中心過度發展有關，市區人口增加、土地供給變少，在建築技術不發達的時代房子蓋不高，供需不平衡，造成房價和地價上漲。企業、商業為了降低土地成本往郊區遷移，住宅開發商也在郊區開發新住宅區，這樣一來郊區就業與居住機會吸引人們搬家，而郊區人口持續增加又使得更多企業和商業遷往郊區。

三、社區的對策

　　人們需要汽車，對於汽車帶來的衝擊也很煩惱。二十世紀初美國城市受到都市化以及汽車大量進入都市的問題，1929年出現多個重要都市設計理論，這裡介紹其中兩個：「鄰里單元」與「雷特朋計畫」。

圖4-10　荷蘭Houten市中心的單車道

鄰里單元

培雷（G. S. Perry）認為「鄰里單元」是構成都市空間的基本單位，也是界定居住環境品質與形式的基礎空間範圍。鄰里單元除了住宅用地的設置之外，基於日常消費及就業的需要，提供適當規模的商業及工業空間，以方便就業，提高鄰里單元自給自足的特性。

鄰里單元的議題涵蓋實質的空間元素，以及其他如居民所得、消費習慣與水準、教育程度、社會階層、犯罪率等屬於經濟與社會面的非實質要素。空間規劃原則如下：

1. 鄰里單元以主要幹道為界線，後者不可穿越單元內部。
2. 出入道路採「囊底路」[16]型態或彎曲的線形，避免穿越性道路或快速交通運具進入，以保障住宅區的安全與安寧。
3. 人口規模以支持一所小學所需的人口為原則。
4. 空間範圍約160英畝（大約0.65平方公里），理想居住密度為每一英畝10戶，共1,600戶，學童走路上學的距離不超過800公尺。
5. 鄰里性的服務設施，如學校、市場、服務中心等配置於中心地區，公園及遊憩空間均衡分布於鄰里單元中。

---

16 囊底路源自法文Cul-de-sa，原意是「袋底」；臺灣又稱「無尾巷」。

雷特朋計畫

　　雷特朋計畫是一個理想的社區規劃原型，也可以稱為「雷特朋社區」。這種社區將「鄰里單元」與「大街廓」理念結合，以面積1.2至2公頃的超大街廓（super block），取代傳統棋盤式的小街廓。以下列舉幾個特點：

1. 鄰里的人口規模為 7,500至 10,000人，由小學、遊戲場及商店等構成鄰里中心，鄰里中心的服務範圍為半徑800公尺（或10分鐘步行距離）。

2. 社區街道分為四種等級，用以掌握汽車與步行空間的互動關係[17]。

3. 住戶與出入道路以囊底路連繫，每處服務15至20戶。

4. 文化中心、商業中心及中學，集中設於社區中間地帶。每個社區單元的重疊部分設置商業中心，增加居民交往機會。

5. 市鎮中心至各鄰里間以中央綠帶連繫之，以大型公園綠地為鄰里單元的骨幹，各型公園間互相連接，形成綠地系統。

6. 遊憩及文化設施依鄰里及新鎮的服務人口規模分級規劃，並由中央綠地及步道系統串聯。

---

17 聯絡市鎮間的交通的快速道路，連繫各鄰里的主要幹道，聯絡各超大街廓的集合道路，以及供每家戶出入使用的服務道路。步道系統則採天橋或地下道等立體化處理，確保與車行交通分離。

臺灣的新社區腳步

依據這些理念，臺灣在1950-1960年代出現兩個代表性的新社區——南投中興新村與臺北市民生東路新社區。

中興新村在1955年開始籌建，臺灣省政府從臺北市遷移到南投，新蓋一個市鎮稱爲「中興新村」。整體都市設計參仿英國「新市鎮」模式設計建造。初始規劃占地約二百公頃，成爲辦公與住宅結合的「田園式」行政特區。社區內植被高度綠化，首創雨、汙水分流「下水道」系統，巷道採「囊底路」設計，至今仍爲良好的都市空間品質。

臺北市民生東路新社區（聯合二村與公教住宅）開發於1960年代，由臺灣省政府支持，臺北市政府主導，在規劃上仿效低密度社區規劃方法，將臺北市東北角的一塊大型素地打造爲示範社區，建蔽率與容積率都低，計畫容納人口七萬人。

新式住宅每戶有雙樓梯，後巷樓梯間還有新式丟垃圾通道，打開小門將垃圾丟進去可以直通一樓的垃圾車，後巷留下兩公尺空地，兩邊加起來就是四公尺，可容垃圾車開進去清運。

當時還有一首歌〈記得1981〉，裡面用「走過民生東路新社區」當作歌詞，雖然有少部分住戶已改建爲七層電梯公寓，但大部的住宅仍保持當年的面貌，爲今日臺北市區少見低建築密度、高公共空間品質的社區。

圖4-11　民生社區後巷綠地

■ 關鍵搜尋：巴黎公社（La Commune de Paris），田園城市（Garden Cities），CIAM，光輝城市（Ville Radieuse），鄰里中心（Neighborhood Unit），雷特朋計畫（Raeburn Plan）

■ 本地參訪：民生社區（臺北市），光復新村（臺中市），中興新村（南投縣）

大樓滿滿的天空

　　城市中心是人口密集商業活動頻繁的地方，土地需求量高，為了有效利用有限土地，將建築往高空發展成為合理的選項。透過營建技術促成建築的高度持續攀高，這種作法同時回應兩種實際需求，一是高經濟密度的商辦空間，企業主爭相建造高人一等的大樓；二是低經濟收入者的居住空間，政府建造公共住宅「大庇天下寒士」。這兩種趨勢到了1990年代結合「永續發展」的論點，出現新的追求目標。

一、樓高一尺，塔高一丈

人類爬到高處瞭望是基於對危險的恐懼，以及生存的本能[18]，對聚落來說危險大多來自遠處，食人野獸、敵人、洪水或森林火災等等。能夠越早發現就能越早準備，只要有人瞭望提早示警，大家可決定是要手持棍子、石頭對抗，或是打包細軟撤退。

如果爬到樹上看得不夠遠，附近又沒有山丘巨石，怎麼辦？就自己蓋一座高塔。

迷戀高度的人

猶太教經文中有一段關於「巴別塔」的故事，話說有一群人遷移到兩河流域一帶落腳定居，並且開始建造「通天高塔」。他們原是同一個民族，使用同一種語言，同心協力下將高塔越蓋越高。這群人信仰的神因為某些原因「施展法力」，將人們的語言變得不一樣，導致彼此間無法溝通，不但塔無法繼續蓋下去，人們也無法共同居住，分散到世界各地。

這故事原意是在說明世界文化多樣性的起源，但卻帶有多重意義。宗教觀點是關於「相信」以及「不要挑戰神」的啟示；從人性觀點來看，人類「想要蓋更高」的念頭，早已跳脫基本生存的需求，成為展現權力與財力的欲望。

「蓋高樓」在很長一段時間成為大企業的最愛，創造城市中最高的大樓當作「地標」（landmark）變成「容易理解」以及「透過財富可達成的目標」。

---

18 Tuan, 2008.

十九世紀開始，每個時代都有一座「世界第一高樓」，蓋出第二高的就不會被列在這個記錄中，為了進入在這個清單上需要付出高額代價，就算幾年後被超越也不會改變這個事實。只是，當高度成為信仰，蓋出第一高的大樓成為心魔。

更堅固，更快速，更富有

科技讓「高度」成爲新的追求目標，要能夠實現高塔的夢首先需要更新的營建技術；採用鋼骨構造的技術，大樓可以蓋更高。就像哥德式教堂當年結構技術大突破一樣，1345年完工的巴黎聖母院高達130公尺，1833年鋼骨構造的巴黎鐵塔高達324公尺。

1885-1980年間美國大城市芝加哥與紐約商業高樓爭相競逐高度[19]，在營建科技協助下幫助財團企業主圓夢。1931年紐約州蓋了一座103層、高度381公尺的大樓「帝國大廈」，創了歷史新高也取得很長時間的「領先地位」。爲了維持「世界最高」的記錄，1951年加建了62公尺高的天線，直到1972年才被世貿雙子星大樓超越。

樓蓋得越高，柱子越粗，電梯與樓梯越多；當設備占去越多空間之後，每層樓剩下的面積就越少。基於高度帶來的價值感，可以用高租金高售價取得投資的利潤，「高度」與租金售價成爲等比關係，將高度的概念「貨幣化」[20]。

畢竟，「高度」在人類城市文明發展歷程中，一直維持著與「權力」及「財力」之間的正比關係。高樓與高速電梯都需要鉅額費用，就算是一般大樓維持升降梯正常運作也需要額外經費，除非是公共建築與公共住宅，否則要居住在一定的高度就需要有相當的財力，有時候還需要透過特別社會關係才能進住；這是取得高度需要付出的代價。

---

19 Graham, 2020: 178-179.

20 Graham, 2020: 178.

二、安得廣廈千萬間

　　CIAM在1930年代提出的願景並沒有馬上實現，建造大量的高樓住宅提供市民居住是很好的理想，但前提是政府具備良好的財務能力，住宅當作「社會投資」可以促進社會與經濟發展，但不當的投資卻可能是災難。

　　說個故事，詩人杜甫住的房子屋頂是茅草覆蓋的，有一天颳大風被吹走，寫下經典名句：「安得廣廈千萬間，大庇天下寒士俱歡顏，風雨不動安如山。」就政府來說要實現這個理想需要政治與經濟的支撐，面對內亂外患、生產與貿易凋敝等問題，低收入市民住在簡陋房屋中的問題往往被放到一旁。

　　再來看杜甫另一首詩《聞官軍收河南河北》[21]，官兵收復薊州北部之後詩人全家得以保住性命，收拾細軟返鄉，才能繼續宣揚他的理念。

天空住宅

　　二次大戰飛機與飛彈帶來從天而降的炸彈，將許多城市被夷為平地，戰後重建需要安置返鄉或是尋求他鄉落腳的市民，再加上戰後嬰兒潮與經濟發展等因素，大量且快速興建的「集合住宅」成為最佳選項。

　　這時期公共住宅有兩種常見的型態，一是四、五層樓的大型住宅，大樓之間用長走廊連通；另一種是獨棟，十幾層的

---

21 杜甫《聞官軍收河南河北》：「劍外忽傳收薊北，初聞涕淚滿衣裳。卻看妻子愁何在，漫卷詩書喜欲狂。」

高樓。兩者都使用「標準平面」，可以將相同平面層層疊起來變成高樓，或是像工業化的工廠一樣，大量複製一模一樣的大樓。

1950年代許多歐洲與美國等大城市回頭使用早期CIAM理論，尋找較廉價提供公營住宅的方法，追求現代主義提出的「天空住宅」（cities in the sky）的願景。從當時的視角來看，在交通便利的市區中蓋起一棟棟簡潔、通風採光良好的大樓，快速又有效率地容納大量市民，可說是劃時代的革新做法。

再以英國屬地香港爲例，1950年之後的三十年間隨著中國政治變動湧入好幾波逃難的移民，對於原本幅地狹小的香港造成巨大的居住壓力。香港於1952年建成了首座公共房屋，緊接著二十年間興建大量公共房屋。1973年再推行「十年建屋計畫」，提供不同類型的公共房屋，包含出租的「公屋」與出售的「居屋」。

香港政府興建高樓層集合住宅，同時也在大樓的低樓層規劃商場與公共設施，透過車站與道路提供就業與生活的方便性，只要有公共住宅的地方土地開發商就聞到投資的商機，這一來有效帶動四周民間土地開發與相關建設，帶動經濟成長。

圖4-12　香港夜景

美國聖路易市1956年興建的Pruitt-Igoe住宅由三十三棟十一層高的大樓組成，電梯只停1、4、7、11樓，鼓勵住戶利用樓梯增加創造互動的機會，追求「垂直聚落」的理想，鼎盛時期高達15,000人居住。

　　1964年國民住宅「南機場國民住宅」落成啓用，位於臺北市第一期南機場公寓共有十一棟五層樓共1,264戶。每戶有沖水便器，社區有獨立蓄水庫、汙水處理場，以及最新的地下電纜。

　　南機場國宅以最新工法建造，特殊的旋轉梯設計，具有逃生、通風、進出容易與採光佳等優點，樓梯中間設有先進的垃圾投放口。南機場國宅許多設計都爲臺北市的先趨，在當時是爲「模範公寓」。

　　然而，1972年聖路易卻開始進行大規模拆除Pruitt-Igoe。這一批公共住宅衰敗的主因是城市經濟衰敗，就業機會減少，人口外移以及政府財政吃緊、管理不力等因素，導致居住品質破敗，成爲治安死角，終究必須拆除。

　　這個案例被質疑現代主義者當作「現代主義已死」的證據，爭相喝倒采，其實是言之過早。對聖路易來說，衰退的是城市經濟，拆除的是老舊建築，城市規劃者對於良好規劃的公共住宅並沒有失去信心。現代主義「功能」、「效率」、「合理」等主張對於二十世紀的城市規劃至今仍然深具影響力。

社區溫度的選擇

　　從現代都市美學的觀點來看，這種住宅是單調又醜陋的水泥叢林，在那個時代卻是「合理的設計」，而且「反應時代科技的美學」。

　　對於美學的歧見還算小事，公共住宅面對更大的問題是社會性的。將大量弱勢住民集中安置在一起，需要足夠的社會與經濟資源。如果是為了安置短時間湧入的政治難民，作為融入不同文化（例如：民族、信仰等差異）的過渡期，短暫集中安置可以提供融入異地「緩衝與適應」的環境。

　　在大城市中的小社區會出現這種「同溫社區」（例如：紐約市的唐人街），來自相同故鄉的人互相協助提攜而選擇當鄰居，長期下來這個社區的文化與當地主流社會文化形成明顯差異。關鍵在於移民者是否具有一定的經濟能力可以自由選擇，還是介於「一無所有」與「政府安置」之間的選擇？政府的安置計畫需要謹慎處理「標籤化」的問題。

　　因為特定條件而集體安置的「國民住宅」對於建立良好、友善的外部社會關係幫助有限，太過明顯的建築語彙成為刻板印象的象徵符號。畢竟，社會住宅的「社會性」是一個社會機制，財務的來源是政府，需要合宜的空間設計來支應。

　　舉例來說，原本以建立社交關係為目的，四通八達的高空通道，反而造成居住私密性受到影響，弱勢者出門與回家的路都是高風險的過程；形成獨立、龐大又不易管理的高空聚落。

這種空間需要更多的管理資源以及維護成本，對於經濟弱勢的住戶以及財政虛弱的市政府來說，超過負擔能力只好「任其發展」，導致這個時期部分公共住宅因為管理或使用效能低落，面臨封閉閒置或拆除重建的課題。

社會的住宅

2005年臺灣修訂《住宅法》，首度使用「社會住宅」一詞，並且逐年增加公共住宅供給量。當代社宅設計對於空間的人文與社會性的品質提升許多，房子的外觀與型態（通稱建築語彙）不再出現早期現代主義時期的水泥叢林面貌，與附近商業住宅的建築語彙接近，避免「標籤化」也減少興建單位為了強調業績將語彙「標準化」。

然而，為了提高每塊土地可以提供的住戶數量，盡量規劃小坪數住戶單元，再因為新住宅也會帶來更多私人小客車，為了避免造成路邊與停車場的壓力，進行「停車空間內部化」，導致位於交通條件不佳的地方塞入大量的住戶單元與停車場空間等，這些都是需要處理的都市課題。

新的社會住宅提供的商業空間，比較需要的是社區型、小坪數的小店，例如理髮、洗髮美容、洗衣、小吃、修鞋等。一方面提供大量住戶的生活服務，另一方面也可以提供社區居民就業或創業機會。

另一個課題是社會福利空間，在社會住宅中置入「高齡者照顧」空間或是「兒童托育」空間，不但提供該棟社宅住戶需求，也可以彌補地區社福空間不足的問題。

有個家可以安置自己與親人，保存珍愛的物品，晚上有個安全的地方睡覺，如同杜甫的詩所寫的「風雨不動安如山」，不必擔心屋頂被颱風吹走。如果家中的長者以及幼兒可以就近得到良好的照顧，讓負責家中生計的人可以出外工作改善生活，下一代才有翻轉的機會。

三、永續，但不是永遠

二十世紀是車道與大樓成為城市空間主體的世紀，然而，不是人人都喜愛汽車與高樓切割城市地貌與天空，1960年代人們對於「超大尺度」與「超高視角」的城市規劃提出質疑，認為這樣的城市對人與文化產生負面影響，在諸多檢討聲浪以及各種因應對策中，「永續發展」成為開發者的盟友。

永續發展的理念主張「降低碳排放量」與「節省能源使用」，基於這樣的理念，城市的土地有限必須有效使用，各種基礎建設越集中越好。永續發展是翻譯名詞，永續不等於「永遠」，凡是人類的開發就會用掉地球的資源，只能說有限度以及有效地利用，盡量降低對環境的衝擊。

圖4-13　一條道路之隔的新舊社區

省著用，可以用比較久

從這樣的角度來看，都市化的郊區或散布在農田鄉野間散村的居住方式，消耗大量土地並且需要高價的基礎建設投資，合理性受到質疑。另一方面，建造高密度居都市則具備以下優勢：

1. 大量的人口居住需求。
2. 基礎建設集中設置。
3. 交通工具透過軌道與大眾運輸。
4. 住商混合的土地使用提供生活就業緊密關係。
5. 大型開放空間與帶狀綠帶提供休憩需求。

這種理念的都市稱為「緊密都市」（compact cities），主張以緊湊的都市型態來有效遏制都市蔓延，保護郊區開敞空間，透過都市計劃對於土地開發的「建蔽與容積」管制，或是指定「保護區」、「低密度開發區」等等。

從永續發展的觀點來看，可減少開發造成的能源消耗，並且創造都市生活的多樣性，這個論述的模範生是歐洲高度密集發展的大城市[22]。

這些做法可以回溯到霍華德田園城市的理想，中央政府以國土規劃的高度進行土地使用規定。不過，在執行面，地方政府依據地方自治有一定的調整空間，民選的縣市首長帶領的「治理團隊」需要回應「地方財團」與「意見領袖」的要求；

22　Jenks, Burton and Williams, 1996.

法令可以制定，就可以修改。同時，政府各種審議會[23]都是審議委員與開發商在「公共利益」與「個人權益」間爭辯與協商的場合。

停車場之間與大樓陰影下

　　臺灣西岸大城市經過五十年發展，面臨建築與都市空間更新的課題，為了提高開發投資與住民參加更新的誘因，政府提供「高度」、「開放空間」、「大街廓開發」等「容積獎勵」措施，鼓勵開發商創造優質的都市空間。

　　然而，交通規劃單位對於未來都市中要增加巨量容積，擔心早已塞爆的路邊停車位與公有停車場不堪負荷，除了要求新

23 環評、交通、都計、建照、都設、都更、文資等。

建大樓提供與「住戶數」接近的停車位，而且還要提供收費的「外車停車位」。

於是，大樓蓋越高，地下停車場越挖越多，有些建案為了回應「一戶一車位」的需求，停車空間必須深挖到地下六、七層 。這種做法已經與緊密都市「利用軌道與大眾運輸」的理念不同。提供越多的停車位「解決停車位不足」的問題，並沒有「解決汽車超負荷」的問題，只是提高「擁有汽車」的誘因。

各種獎勵措施雖然立意良善，凡是有陽光的地方就有陰影。部分開發商透過各種獎勵取得「超大容積」，但提供的開放空間卻只符合「最低標準」，都市土地價格最貴的「精華區」密集地排滿高層大樓，缺乏必要的「鄰棟間距」，冬天只有陰影沒有陽光，夏天只有熱氣沒有空氣。

這些情形從整體都市風貌與「都市防災」來看都是大扣分；再者，越高的房子造價就越高，雖然因為密度提高而土地成本降低，但是房子的造價沒有下降，再加上「高度的空氣價」，今日「寒士」買房子需要用三十年的人生來償還銀行的債務。

■ 關鍵搜尋：社會住宅（Social Housing），緊密城市
（Compact Cities），永續發展（Sustainable）
■本地參訪：南機場國民住宅（臺北市），信義計畫區（臺北
市），新板特區（新北市）

第五篇

市民、專家與國家

市民改變了城市

二次大戰結束後重建過程中，現代主義的城市理論獲得強大的助力，人口加速都市化帶來超大城市，紐約、東京、倫敦、北京、上海，逐漸成爲上千萬人居住的超大城市，就算不到千萬人的規模，城市規劃的權杖還是掌握在「國王」手中，政府與專家聯手的現代主義強勢切割舊社區，蓋起公路與大樓。

隨著超大帝國瓦解，民族自決的運動在各地風起雲湧，民主國家社會出現多元的聲音，各議題團體與專業領域的專家成爲新的「信仰」，匯集人們心理的寄託與行動的信念。

反轉的時機在1960年代到來，社會與經濟問題已超越人們以往的經驗，都市的問題成爲複合性的；解決了一個問題只是更多問題的開始，城市又始轉變了。

民主社會市民對於政府與專家聯手，進行的城市建設產生不信任感，展開各種方式的抵抗；在1960-1980年間各種新的都市理論因應而生，城市面臨「由內而外」以及「由下而上」的大翻轉。

一、燃燒的城市

二戰之後世界強權的名單改寫，許多民族國家從前殖民國的手中掙脫出來，以東南亞國家為例，馬來西亞、印尼、菲律賓、越南等紛紛成為獨立國家，其中越南獨立戰爭時間最長，影響深遠。

圖5-1　遺落在叢林中的兵器

越南戰爭與反戰運動

1944年歐洲戰場烽火平息，日本軍隊在中南半島繼續與盟軍纏鬥到1945年宣布投降，越南立刻宣布獨立；前殖民國法國不甘損失，派兵跟主張獨立的軍隊作戰了九年才撤離，美國因為政治與軍事考量，持續在越南南部城市駐軍。

1961年起越南戰爭成爲美國支持的「南越」與中俄支持的「北越」間的戰爭，隨著戰線擴大到寮國與柬埔寨，美國在戰爭中投入大量的軍隊與資源，臺灣也成爲重要軍備後勤基地。

這場戰爭一直打到1975年美國撤出，越南完成統一才告終。這十幾年間戰爭與反戰力量的拉扯，以及隨之而生的各種運動引起的炙熱火焰，在各大城市蔓延。

國際冷戰，國內熱鬥

古巴政府由共產黨執政後，反政府人士流亡美國，1961年集結軍火想要推翻政權，卻在搶灘登陸時被殲滅。古巴認爲這是美國背後策動，引發兩國緊張[1]，美蘇爲首的兩大陣營進入長時間的「冷戰」。

蘇聯在古巴部署飛彈，可以直轟美國本土，這事被美國偵察機發現，美蘇兩國劍拔弩張，面臨互丟核彈的危機，最後美蘇雙方各自退一步，危機解除[2]。

當時兩邊最高領袖分別是美國約翰・甘迺迪與蘇聯赫魯雪夫，危機過後兩人都面臨政權挑戰，在往後兩年內還沒做完任期就被迫退場。

1963年甘迺迪在德州達拉斯大街上被槍殺，由誰主謀策劃至今仍然是個謎。1964年赫魯雪夫遭到黨內政變，被戈巴契夫等人逼退。當時另一個新崛起的世界霸權中國，毛澤東發動政變，1967年逼國家主席劉少奇下臺。

1　豬灣事件。

2　古巴飛彈危機。

變動的世局，政權更迭本是常態，但是在短短幾年間看到這幾個強權國家高層政爭白熱化，嚴重到要在街頭暗殺總統，檯面下暗潮洶湧之激烈程度可見一斑。

　　世界政壇要角國家陸續出現政局劇變，當時戰事升溫的越南戰爭以及民主國家內部對於反戰、反核、民權、墮胎權等各種議題的論戰與對抗，導致民主國家社會動盪與不安。

我有一個夢，還沒有實現

　　再以美國平權運動為例，移民組成的美國社會中，早期蓄奴與南北戰爭造成的傷痕過深，黑人的社會地位長期受到不平等的對待，歧視與怨懟在公共場所引爆：學校[3]、公車[4]、餐廳[5]、街道[6]等這些民權運動的最前線，都成為衝突的場所，他們爭取的是都市空間的「平等使用權」。

　　當代人習以為常的事情，憲法保障言論與行動自由的權力，在禁錮的年代是許多人冒著被逮捕下獄甚至付出生命的風險爭取來的。

　　當時有位美國牧師叫馬丁‧路德‧金恩（M. L. King, Jr.），受到印度獨立運動者甘地的影響，主張透過非暴力抗議行動爭取黑人平權。1963年金恩在林肯紀念堂前發表《我有一個夢》演講，成為歷史上最經典的演說之一。

3　1957年阿肯色州小岩石中央高中事件，1963年阿拉巴馬州立大學擋校門事件。

4　1955年蒙哥馬利罷乘運動。

5　1958-1960年餐廳內靜坐抗議運動（sit-in）。

6　1963年伯明罕運動。

脫離貧窮的社區行動

金恩曾經規劃全美性質的「占領華盛頓特區行動」，後來更進一步發展爲「窮人運動」，以窮人爲訴求對象，獲得很多支持。在財政不佳的美國南部州有許多經濟貧困的住民，州政府補助有如杯水車薪，缺乏教育以及「賦能」（enable）的過程；直接以金錢補貼大家都很歡迎，長期下來對於「脫貧」的幫助不大。

面對這個問題，政府並非束手無策，繼任甘迺迪的美國總統詹森於1964年在全美推動「社區行動計畫」[7]，跟貧窮宣戰。借助政府或民間資源媒合專家進入社區，透過公開討論確認社區的問題與需求，建立內部共識，尋求外界支援，這種計畫既是溝通，也是自覺運動，參與者在過程中可以學習，也可以感受到自己正向努力的價值。

社區行動計畫當年全美即有一千多個計畫同時推動[8]。這些計畫的特色有三個：1.聯邦政府大量經費補助，2.快速進入與完成，3.政府、專家與社區住民共組委員會。

然而，美國社會力量遠大於政府所能掌握的範圍，各種議題團體的訴求也遠超過政府社區計畫的範疇，隨著越南戰爭範圍擴大、時間拉長，美國國內徵兵的需求增加，反戰的聲浪也隨之擴大。

7　Community Action Plan.

8　The Unraveling of America; A history of liberalism in the 1960s.

二、抵抗的年代

1968年一年間發生的許多事情震撼了這個世界[9]，也建構了當今民主社會政府與人民之間「溝通與互動」的複雜關係，事情要從1968的兩年前說起。

1966年中國政權發生劇變，毛澤東推動計畫經濟自創各種毀滅性做法，將國家經濟與人民生計搞砸了，遭到劉少奇等人批評。眼看政敵步步逼近，乾脆提早動手，發起「文化大革命」整肅對手。

所謂文化革命其實是政治鬥爭，數百萬年輕人離開學校追逐政治活動，捲入鬥爭的熱潮，瘋狂的紅衛兵到處破壞文化古蹟，湧進城市保衛精神領袖。

自由世界的人們看到數十萬人年輕人在天安門廣場舉著小紅書怒吼，對於不明白中共高層鬥爭的外國人來說，一方面感到震驚，另一方面也頗具鼓舞作用；誤以為透過大家團結的力量就可以改變世界，中國的年輕人已經為大家示範了？

那個反叛的年代剛好是戰後嬰兒潮的年輕時代，1945年以後出生的一代大約二十歲出頭，沒有經過二次大戰戰爭洗禮的年輕人準備要接掌大人的世界，在全球不同的城市中抵抗自己的「壓迫者」，到了1968年不約而同地大爆發。

9　Kurlansky, 2004.

春天起烽火，冬天仍在燒

　　1968年1月5日開始，共產黨執政的捷克當局展開了一場政治民主化運動，打算不理會蘇聯干涉，宣稱要走「帶有人性的社會主義」改革之路，這個方案完全拋棄了原先史達林模式的傳統，獲得改革派與市民的擁護，稱為「布拉格之春」。

　　當時歐洲分成以美國為首的「北約」與以蘇聯為首的「華沙公約」兩大集團，從地理位置來看，捷克是華沙公約國在西方的最前線，捷克的民主運動很可能產生骨牌效應，是自由世界的期待也是共產國際的恐懼。

　　1月30日是農曆新年，北越軍隊與游擊隊趁著大家準備過年之際，各種物資運補車四處奔走的熱潮中，先將武器運送到美軍控制的城市據點藏匿，春節當天三十幾萬的北越軍民對兩百多個城市與鄉鎮區發動總攻擊，西貢機場、總統府、南越總參謀部與美國駐西貢大使館都遭到越共攻陷。

　　美國軍隊終究平息了戰事，但這事情引發國內輿論譁然，人們質疑的重點不在於防備不足，而是懷疑美國政府的誠信：「政府說我們是『出於善意去幫助可憐的越南人』，為什麼他們不領情，出現這麼大規模的暴動？」

　　四月美國哥倫比亞大學學生占領校園，反對越戰以及反對種族歧視的兩個團體結合，分頭占領數棟建築，數天後被警察排除。

　　五月巴黎大學生發起反越戰行動占領學校，警察進入逮捕並起訴學生，引發更大的反彈，工會團體聲援學生陣營，高峰時期高達一千萬人擠上巴黎市街頭示威。

八月蘇聯調動捷克邊境華沙公約國坦克入侵，先是接管捷克的軍隊，再將坦克開進布拉格街上，街上道路指示牌紛紛被市民換成「莫斯科」，要求這些不受歡迎的俄國士兵「開回莫斯科去」。然而，抗議群眾無自家軍隊奧援，只能消極抵抗，終究散去。

　　十月墨西哥奧運開幕前夕，引發抗議政府花大錢辦奧運，忽略民生建設且鎮壓反對運動，大批學生發起街頭示威，占領了首都廣場試圖抵制奧運的開幕。但軍方很快地派坦克包圍廣場進行血腥清場，事件過後奧運照常舉辦，世界各國並沒有進行抵制。

　　十一月詹森放棄競選連任，尼克森在反戰聲浪中當選，初期擴大徵兵引發更大的反對聲浪[10]，後來透過季辛吉穿針引線拉攏與中華人民共和國的關係，打算「聯中抗俄」讓美國從越南戰爭泥沼中脫身，美國在1975年撤離越南，是臺美斷交的序曲。

誰在黑暗角落開槍

　　1968年的美國，光天化日下在公共場所發生兩件槍殺事件，讓人們大為震驚。四月馬丁・路德・金恩準備到大型群眾集會上臺發表演說，活動的前四天在賓館陽臺被槍殺。六月羅伯特・甘迺迪跑選舉行程，在飯店中被引導去見一位選民，卻在走道上被槍殺。

---

10 1970年肯特州立大學事件，國民兵射殺四位抗議的大學生。

圖5-2　在叢林中生鏽的多管火箭車

自由主義的代表人物在公開活動中被殺死，表面上看是對特定對象不滿，激進分子個人行為，但是，就像約翰‧甘迺迪總統被暗殺的事件一樣，大家對於背後的陰謀論繪聲繪影，至今仍爭論不休。

這些事件的效應是造成人們更加分歧，激化了反對運動的聲浪。

三、專家信任危機

挺身抵抗的人們可能是基於各種不同的原因以及目的，這些力量中有追求政府民主化改革者，有追求黑人平等權利者，有信奉共產主義與激進左翼信念的團體，也有政府黑手在背後主導的代理人團體，其中更不乏受到大外宣影響的「有用的傻瓜們」（useful idiots）[11]。

反對運動本質是複合的議題與複雜的社會關係，人們因為各種不同目的而匯集在一起，舉著相同的標語喊著一致的口號，彼此心中的信念可能南轅北轍，但是可以為了眼前的共同目標，進行「權宜的合作」。

---

11 這個詞是冷戰時期用來指稱那些容易受到共產黨宣傳和操縱影響的非共產黨人士，據說是史達林自己說的。

市民角色的翻轉

　　1968年底美國總統大選後尼克森上臺，自由世界的人們對政府的信任感有增加嗎？答案是令人失望的，除了更多美國政府機密文件被洩漏給媒體，尼克森自己也陷入「水門事件」與相關遮掩行為而遭到彈劾，成為第一位辭職下臺的美國總統[12]。

　　市民的力量在1970年代進入高峰，「政府、專家、財團」的金三角關係變成一個小小惹人嫌的鐵三角形，制霸其上的是「市民」，「市民的力量」[13]成為部分人民的新信仰。

12　繼任者在尼克森的美中政策下，1978年美國與中華民國斷交，國際媒體認為臺灣將繼中南半島越南、寮國、高棉之後被拉進共產鐵幕。

13　Mike Gravel, 1972, *Citizen Power: A People's Platform*. Holt, Rinehart and Winston (284 pages, ISBN 0-03-091465-5).

政府引用現代主義理論的城市規劃，到底是讓城市更好，還是只是讓財團更富？更高的大樓迎來更好的陽光與空氣，但是原本住在市區的弱勢者是否陷入更陰暗的角落？

　　從這個時間點來看，可以理解1973年聖路易Pruitt-Igoe拆除之所以成為反對者用力宣傳的原因。反對者認為政府借助現代主義由上而下的那一套已經「被證明」無效了。

　　質疑者認為現代主義理念下建造的城市與住宅大樓對於人與文化欠缺考慮，在全世界大城市製造貢獻的同時也產生災難。關鍵在於講究快速，經濟又效率解決都市問題的過程，城市與建築中的市民被當成單一性質的匿名者，必須依照規劃者的空間秩序在城市中生活。

　　這個問題可用一個隱喻來說明，專家從巨塔頂端看世界，身處制高點可以有全盤觀照的視野，但卻無法理解地下人群們個別的臉孔。

　　這時候的反對聲音是參雜各種「信仰」的，有人認為城市需要的是更多的溝通，透過市民參與（citizen participation）尋找最佳解；有人強調人民自主的草根力量（power of grassroots），有人反對歧視與爭取平權，有人堅持「由下往上」（bottom-up）的公共決策模式，有人就是想要「打倒資本主義」建立「共產國際」烏托邦。

　　他們的共同對手是擁有決策權力的政府與專家，那些對於市政建設「由上而下」思維的人。

臺灣的悶世代

　　1968年臺灣是個沉重的年代，雖然韓國與越南戰爭讓臺灣的重要性獲得美國重視，進入「美援時期」，但是海峽之隔的中國文化大革命以及全球民主國家的街頭運動，讓政府對於任何風吹草動更加謹慎。於是政府擴大情治監控，緊縮言論自由，任何規模的學生組織都遭到監視，擔心星星之火造成燎原效應；文化界人士柏楊、陳映真等人被逮判刑下獄，景美看守所也在當年擴建[14]，社會氛圍更加壓抑。

　　1968年臺灣人的慰藉是運動選手在世界舞臺的成就，例如紀政在墨西哥奧運奪得低欄銅牌，臺東紅葉少棒隊打敗來訪的日本隊；後者開啓往後少棒、青少棒、青棒多年「三冠王」的輝煌時代。

---

14 目前為國家人權博物館。

　　在當時政治高壓下，民主國家的社會運動並沒有立即在臺灣捲起波瀾，一直到1977年選舉舞弊引發民眾大規模抗爭的中壢事件，以及兩年後1979年美麗島事件才大爆發。然而美麗島事件後一連串逮捕、暗殺與大審判等等，又造成寒蟬效應。

最大的廣場，最長的城牆

　　1968年之後，民主國家的城市經歷人民抵抗的震撼，城市規劃理論開始部分轉向，加入新的科學與文化的內涵。

　　危機的時代，正是機會與創造的時代。改革的人認為必須將威權解構，但是解構之後取而代之的如果是另一個威權，改革的腳步將陷入無效的循環，如何解決問題並且建構新的局面，才是令人傷腦筋的課題。

　　1969年美國載人飛行載具登陸月球，太空人的一小步是人類的一大步，從月球看地球是一顆美麗的藍色星球，住在大氣層裡面的人們活在核戰毀滅威脅之中。極權控制下的城市還是依賴軍隊與政權，維持對市民的壓制，人們以為世界將會維持冷戰的對峙一直到永遠了。

　　人類登陸月球又過了二十年，1989年出現兩個代表性的事件讓人們看到新契機，一是擁有世界城市最大廣場的北京於六月發生天安門事件，二是擁有最長城牆的柏林圍牆在十一月被突破。這兩件事情的本質與過程都不同，長期來看，是中國與東歐許多城市經濟體進入快速發展的開端。

■ 關鍵搜尋：中壢事件，美麗島事件，貢寮反核四，美濃反水庫，鹿港反杜邦
■ 本地參訪：國家人權博物館（新北市），樂生人權園區（新北市）

第
13
講

專家追趕的腳步

　　1960年代不少人對於「大破大立」的城市建設提出質疑，其中最爲經典的批判來自美國珍雅各（J. Jacob），她認爲城市許多優點因爲這些建設而消失了，各種豐富又多樣的場所被單一化的空間取代之後，城市的魅力與活力將快速消退。

　　當時有更多專家認爲應該從使用者與在地居民生活中尋找「設計的知識」或是「營建的智慧」，其中哈普林（L. Harplin）與亞歷山大（C. Alexander）兩人可說是尋找現代主義替代方案的代表人物，他們的理論與方法在往後二十年間在美國西岸城市受到廣泛討論與應用。

圖5-3　市民意見貼滿牆壁的工作坊

一、城市的死亡與誕生

珍雅各對於現代主義建設的質疑是1950-1960年間美國大城市為了經濟發展推動大建設的背景，當時於紐約市興建多條跨島的橋梁與高速公路，計畫拆除舊市區與河濱等原本屬於城市邊緣，房價、地價都相對低廉的舊社區。

消失的文化多樣性

這種開發成就了城市的交通建設與經濟發展是一回事，對於居住在這些地區的經濟弱勢住民面對無家可歸的困境，必須要搬到離市區更遠的地方；而這些舊社區因為新的交通運輸帶來的方便與土地價值，改建為高房價的大樓。

從珍雅各等人的觀點來看，最糟的事情就是使用「理想格局」套用在每個城市之上，應該要聚焦在城市的「在地性」（locality）。每個城市、每個區域、每條街道，都有其獨特的文化，這種多樣性才是城市的價值（註）。

現代主義將城市規劃視為「空間與資源運用的合理性」問題，而珍雅各則將它視為是「人與社群」的問題，從生態環境的角度來看，「城市不是一件物體，而是像一個生態系統」，不同的元素之間持續互動，構成人類集居城市的本質。

在反對者看來，高速公路與高樓大廈並不是進步的象徵，而是切開社群的城市裂痕。只有走到街道上，從內部觀照城市，我們才能知道眾社群所組成的整體：即城市是如何運作的。

註：Jacob, 2007.

　　城市雖然混亂，但正是亂中才可以有序，正是混亂才可以有活力；這與現代主義的想法大爲不同。

街道與城市變了

城市建設最常遇到的質疑是，這些建設總是讓有錢的人更有錢，原本社區中人際關係開始改變。房價租金上升，未能負擔的人只好搬走，不想賣房的人受到壓力，引起社群糾紛，原住戶在各種因素下被迫搬離，原有社群及人際關係就此瓦解。個人開設的傳統店鋪被大型賣場與連鎖店取代，在地特色永久消失了。

1964年格拉斯（Ruth Glass）以倫敦的伊斯林頓為例作了如下描述：「一個又一個的勞工住宅被中產階級入侵，當這些破落的房舍租約期滿後，就被改建為高雅而昂貴的大宅，所有原居住者都遷出後整個社區面貌就改變了。」格拉斯稱此現象為「仕紳化」（Gentrification）[15]。

從開發者的角度來看，從市中心到市郊有一個「距離／價格」曲線，以同心圓的模式來看，越靠近圓心價格越高，但是在發展過程中，有些地區會相對價格低廉，也許是因為附近有「鄰避設施」或「爛尾樓」等。這些地區與周圍的地價或租金比起來相對低廉，自然就成為開發商的首選投資標的。

---

15 這個詞又翻譯為「士紳化」、「中產階級化」、「貴族化」、「縉紳化」。

舉兩個位於雙北的經典案例，新北市樂生療養院的捷運機廠興建案以及臺北市士林區社子島開發案。樂生療養院對四周社區來說是鄰避設施，一旦院民遷走房舍拆除之後，對於周圍地區房價會產生立即影響；臺北市臨淡水河岸社子島距離市中心精華一水之隔，但是因為長年禁限建導致地價相對於周邊地區是個大凹洞，使得開發商的腳步一直逼近。

開發商以較低成本取得土地進行開發，可以向銀行貸款，改善建築與環境後可用更高價格出租或出售，這一區的市民可享有更佳環境品質。仕紳化的過程可以說是環境改善的過程，也是「土地價格與資金回補的過程」（圖5-4）。

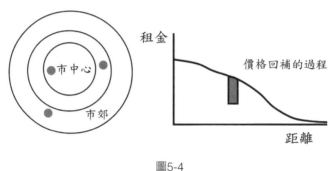

圖5-4

畢竟，城市興衰的關鍵不只是文化的也是財政的；城市治理者需要透過公共建設進行有效投資，以維持經濟發展。如果放任自由經濟發展過頭導致貧富差距拉大，金字塔底層將會出現「翻盤」的怨氣；如果是採取均富社會的理想可能導致大家都變窮，政府沒有稅收可以做社會與經濟投資；這兩者都有過猶不及的問題，城市治理也在各種價值觀中滾動前進。

二、市民參與城市設計

　　民主社會透過選舉機制產生市長與議員，廣義來說市民已經參與政府決策了。只是，當城市規模大到一定程度，公共性的定義也跟著複雜起來，少數人與多數人之間的利益如何取捨？不同信念與價值觀常常成為公共政策抉擇的衝突點。對於市民來說，經驗形成記憶與意義的城市空間，才是最真實的「地方」（place）。

　　這些屬於個別市民日常生活加總的集合體，很容易在注重合理性、公共性、經濟與效率的城市規劃過程中被忽略了。等到政策出爐開始執行，媒體譁然、專家批評、市民抗議等燒成一片之後再來修改彌補，只會耗費更多的公共資源（稅金、時間與社會成本等），那怎麼辦？

　　如果在規劃設計的過程，對於目標地區「人與環境的關係」有更多了解，透過空間使用者與多方面領域專家共同建立一套有用的設計資訊，也許可以解決這些問題？

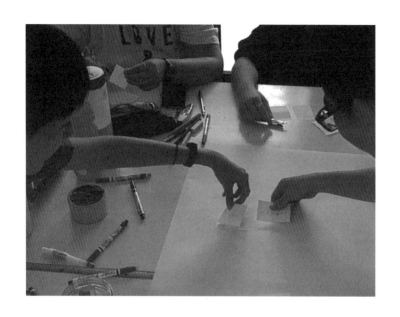

人在環境中的足跡

　　基於這樣的理念，哈普林在1960-1970年間發展一套方法並且在西雅圖、波特蘭等城市進行實踐。他主張不應強加一個預先決定好的「設計圖」在原有基地上，真正的創意來自於市民參與的過程，讓人們原本受到社會制約而壓抑的想法，可以在參與過程中釋放與揭露。

　　這種理念引自1960年代藝術界，繪畫、雕塑、表演等領域的相互跨越，將觀眾從「旁觀者」轉為「參與者」的做法，藝術家或編舞家把作品創作過程開放，讓讀者可以「參與創作」或是「進入作品」之中。

哈普林引入了互動的概念，建立「譜記」的方法，成爲在「高度控制」和「隨機放任」之間，整理出一套開放性的架構，隨著遊戲規則[16]，讓參與者可以成爲過程的一部分。

這種不預設目標的設計方式，在動盪的1960年代以一種開放態度來回應不安的社會氛圍，將「主導者」（director）的角色轉換成爲「促成者」（facilitator），促使專業和政府公部門把「參與式民主」納入規劃設計過程，進行大量小規模社區建設，有效地化解社區不信任感。哈普林於1969年發表「人類環境中的創造力歷程」（RSVP），以及「參與式工作坊」。

這一波新知識對於1990年代臺灣城市規劃者具有很大的推動力量，在當時臺灣面對「公共政策決策」權力轉換的社會，成爲抵抗現代主義以來城市設計由專家「由上而下」操作的替代方法[17]，這種工作坊在1992年三重後竹圍公園參與式設計首度應用，對於臺灣發展參與式設計具有重要影響。

---

16 活動設計就像遊戲（game）一樣，有人設計引導讓大家跟著規則互動。鄭晃二、陳亮全，1999。

17 那個時代還有很多重要的方法論，例如：凱文林區的「城市意象」（Image of the City），或是約翰哈伯拉肯的「開放式建築」等（open building）。

建築模式語彙

　　同樣是1960年代美國西岸加州，亞歷山大發展出探索人類創造環境能力的方法「模式語彙」，他認爲城市爲一種實質的系統，是文化的具體表現；城市規劃是關於生活的設計。

　　亞歷山大的理論初期是透過系統性思考尋找城市規劃的最佳解法（Space Allocation），後期開始轉向，想要從世界上不同文化、不同地區尋找共通性「好場所的基本元素」，只要能夠掌握這種建基於眞實生活經驗的場所元素，就像語言的「字彙」一樣，可以寫成句子、文章與書本。

　　1970年代亞歷山大的理論更加成熟，強調「使用者參與」以及「小規模成長」可以構成校園、社區甚至都市。他認爲模式語言是以經驗爲基礎，使地方具有深層的、活的品質；是一個社區設計的宣言，關乎人道主義的理想。

　　亞歷山大的方法論1980年代末到1990年代間對臺灣部分建築學界產生影響，成爲「由下而上」與「由內而外」設計思維的重要工具之一。

　　在臺灣的參與式工作坊中，使用「遊戲」以及「模式語彙」，成爲混合使用的兩大工具，可以將生活足跡的記錄發展成爲空間形式，作爲溝通語言；在社區規劃工作的第一線，透過參與的過程來塡補「空間形式」與「社會關係」之間的落差。

三、社區營造

臺灣在1987年政治解嚴前後，社會就像蓋子關不住的壓力鍋，沸騰的民間力量像是要追趕1968年以來失落多年的民主進程。

比較大型的反對運動例如1986年鹿港人反對杜邦公司在家鄉設置藥廠；1988年貢寮成立反核核自救會，反對興建核四廠；1992年美濃鄉籌組反對建造水庫組織，抗議建造水庫讓他們沒有水灌溉農田。

圖5-5　蓋在沙灘旁的核四廠

大家同在一條船上

1993年李登輝總統提出「生命共同體」的概念，將生活在臺澎金馬的人視爲一個主體，隔年1994年中央政府文建會副主委陳其南提出「社區總體營造計畫」，民間由陳亮全籌組「社區營造學會」；「社區營造」成爲政府與民間社會歷久不衰的重要價值，掀起長達將近三十年的行政與社會改革運動，在中央與地方政策推動「社區營造計畫」，實踐「市民建造自己城市」的理念。

社區營造的能量可說來自四個部分，一是在地人脈與地方利益建構而成的網絡關係，二是來自日本「造町」的經驗，三是專家進入社區與社區共同制定「社區計畫」尋求政府資源挹注，第四部分是最容易被忽略的，是社區的人對於「在地性」的追求。

1995年以臺北市爲首，縣市政府開始陸續推出「社區規劃專業者」與「地區環境改造」的相關計畫，由專家與社區共同提案，透過參與式規劃的方式進行生活環境改造，這些計畫大多以生活空間的公共設施或場所當作焦點，由中央或地方政府挹注資源。

1999年九二一地震之後，2000年起社區營造理念全面應用在受災區重建計畫，大量民間資源挹注建立基金，協助社區透過社區營造重建家園，各方面領域的專家進入重建區，協助社區建構「文化主體性」，找回屬於自己的新故鄉。

2000年起兩屆總統任內，中央政府政策持續沿用社區營造的理念，推動「新故鄉社區營造」、「社區六星計畫」等，部分地方政府至目前仍有社區營造相關計畫執行中。

珍惜社區的日常

每個社區都有自己的生活足跡，這就是一種在地特性，但是這種在地性也可能因為積習已久，慢慢走入僵化的保守路線，或是習慣於「父權社會」的概念，認為政府就是「父母官」或「大家長」，凡事都要求政府的依賴性。這種保守的社會氛圍就像是停滯不流動的池塘，需要適時地加以「擾動」。

跟社區的人溝通社區營造的理念並不難，簡單說「社區」是街坊鄰居共同生活的場域，「營造」是一起來做公共事務。這並不是陌生的概念，對於地方意見領袖或是透過選舉的村里長來說，這是日常生活的一部分。

有些社區看待社區營造是一種「呈現在地文化的活動」，例如：地方戲曲、獅陣鼓隊、社團舞蹈、繪畫與手工藝等等。現在來看很正常，在早期臺灣媒體與出版都由官方主導與管控的年代，只有官方特別挑選過的文化才可以進入廟堂之列，廟堂之外的市民長年在這樣的氛圍下，對於自己的文化，甚至母語都缺乏自信。

透過社區營造建構市民對於地方文化的自信是第一步，作為凝聚共識推動公共事務的基礎；當然，也有不少社區滿足於建立文化自信的階段，並未持續進展到建構公共性的範疇。

尋找自己的「武林」

　　在社區面對自己公共議題的討論中，許多進步的觀念（例如：自主、環保、平權等）在社區議題中浮現，與原本的思維碰撞，對於支持改變與反對改變的人來說，正因爲這些討論，可以更了解彼此的想法。

　　關鍵在於，社區營造的理想是創造一個大家「平等參與」與「公開討論」的機制，擺脫傳統框架的限制，尋找更好與更具創造性的解法，這部分比較會跟傳統社區思維有衝突。

　　舉例來說，大家都需要社區裡開闢公園，公園裡最好有公廁而且限定社區的人使用，以免外人使用帶來髒汙與危險；大

家都不喜歡社區有停車塔或焚化爐，但是，當問到自己停車需求與家中垃圾減量，面對這些公共性的議題時卻又面有難色，在「利己與利他」之間遲疑起來了。

深入社區問題的核心可以發現，市民的「對手」不再是政府或專家，而是社區中的人，「武林」就在自己身邊。從「後現代」的觀點來看，社區營造的過程希望擺脫父權，去中心化，尋找多元與創新的可能性。這股力量對於社區傳統的人際關係是個挑戰，對於受人尊敬的意見領袖或是擁有行政權力的村里長來說，能否敞開心胸接納這個「發言地位」的微妙變化，是社區營造工作成敗的關鍵。

一群人的關係「一盤和氣」固然很好，但有時候是因為有權威的人「坐鎮」，讓少數人的意見與需求受到忽略或壓抑。走在這樣的城市中，隨時可以感受到「老大哥」的眼睛，這種和諧只是表象。

誰改變了城市？

社區營造是市民改變城市的理念，也是個創造改變過程的方法，市民在吵吵鬧鬧中學習並且建立共識。進入二十一世紀的臺灣社會，快速跟上民主國家的腳步，各種社會力量跟著事件與議題前進，都會地區因位居住型態的關係，「社群關係」取代「社區關係」，網路與社交軟體更加速這種趨勢。

拜網路與智慧型手機之賜，現在的反對運動，在市民上街之前「網民」早已湧上網路，將相關人士與政府的網頁留言「灌爆」。市民上街的時候也不同於過去有領導者、有組織的

情況，在巴黎左岸咖啡館議論政治時那種氛圍；而是透過網路串聯，呼喚認同者將理念付諸行動。

市民力量像水一樣，在城市街頭流動。水可以載舟也可覆舟，城市治理者對應得當，可以因勢利導，創造福祉。

■ 關鍵搜尋：社區總體營造，參與式工作坊（Take Part Workshop），社區動力遊戲
■ 本地參訪：二結王公廟（宜蘭），蘇澳白米社區（宜蘭），紙教堂（南投）

第六篇

人、智慧與環境

回顧二十世紀的科技發展，人類對於城市文明的追求呈現一種樂觀的「烏托邦」與悲觀的「反烏托邦」兩極的想像。一方面人們追求更高的建築、更快的運具、更強的科技，另一方面，人們也擔心這種無限制的追求發展，將會造成人類文明崩壞。工業革命以來幾百年的城市文明，副作用是人口更老、環境更髒、監控更嚴，會不會導致城市文明陷入另一個黑暗世紀？

反烏托邦趨勢的危機可用一個三維圖來示意，X軸是汙染的環境，Y軸是高齡者比例偏高的社會，Z軸則是人工智慧（AI）高度發展的社會控制。

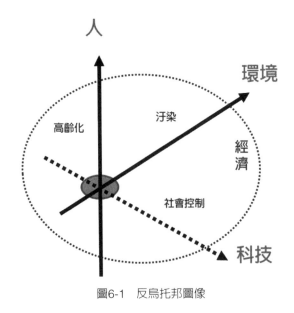

圖6-1　反烏托邦圖像

從回應問題的策略來看，「人」的部分是「高齡」與「友善」，環境的部分是關於「永續」與「健康」，科技的部分是「數位」與「智慧」。每個生命都有一定的週期，城市、國家與星球都有能量極限，如何維持良好環境以延續生命的品質，需要更高的智慧。

　　接下來的三個單元，探討人們如何將城市從「反烏托邦」發展趨勢下搶救回來。

友善與高齡城市

　　城市應該要是對所有人都友善，就資源分配的合理性來說，大多數資源用在照顧大多數的使用者，在這個「光譜」以外的少數人的需求，往往容易被忽略。

　　環境設計還沒有「友善」的觀念時，城市與建築空間是為了人體工學「標準範圍」內的人所設計的，對於小孩、孕婦、高齡者、行動不便者會產生障礙。後來，我們有了「無障礙設施」與相關法規來輔助，創造「無障礙環境」，但早在2002年學者就指出如果將問題界定在提供「無障礙設施」協助「有需求的人」，只會讓使用者成為目光焦點，容易造成心理感受的壓力，真正關鍵在於「建置與管理環境的人」沒有提供「友善」的空間，並非使用者的責任[1]。

　　現在的建築與環境設計強調「通用性」與「共融式」，許多交通運具、公共場所都已建置「優先席」或是無高低差的銜接設施（例如：低底盤公車）。

　　2003年獨居老人在公寓終老無人聞問的議題躍上新聞版面，民間有崔媽媽基金會透過租屋仲介媒合老人租屋，政府

1　鄭晃二，2002。

《住宅法》出現「老人住宅」一詞。當高齡者的數量成為城市中不可忽略的比例時，以往設計思考「標準範圍」的光譜需要重新調整。

一、高齡是城市的趨勢

　　高齡化社會是指因出生率降低和／或預期壽命延長導致年齡中位數增加的現象，大多數已開發國家人口長壽，高齡人群變多；但開發中國家目前也出現類似現象，只有少數國家例外。

　　現在全球高齡人口為人類歷史之最，聯合國預期二十一世紀人口高齡化比率會超過上一世紀。自1950年來高齡者人數

增加三倍，達2000年的六億，在2006年超過七億。根據聯合國2013年資料預測，2050年高齡人口會達二十一億。各國在高齡化程度和速度上不一，但是高齡化曲線上升很快[2]。

國際上將65歲以上人口占總人口比率達到7%、14%及20%，分別稱為「高齡化社會」、「高齡社會」及「超高齡社會」。臺灣於1993年成為「高齡化社會」，2018年轉為「高齡社會」，很快就會邁入「超高齡社會」。

人口老化是全球性的問題，因應這個全球化趨勢世界衛生組織（WHO）於2002年提出活躍老化（Active Ageing），主張以「健康」、「參與」及「安全」等三大面向作為因應人口老化的策略，強調世界各國都應該積極推動以下政策：

1. 形成維護高齡者身心健康的環境。

2. 建立高齡者社會參與的管道。

3. 確保高齡者之社會、經濟及生命的安全。

WHO於2005年啟動「全球性友善老人城市計畫」[3]，2007年發布「高齡友善城市指南」[4]。2011年在都柏林啟動高齡友善城市全球網絡[5]，共有11個國家超過40個城市同時宣布參與高齡友善城市，其中臺灣也在列，大會提供給各國陳列推動成

---

2 World Population Ageing: 1950-2050, United Nations Population Division.

3 Age-Friendly Cities Project, AFCP.

4 Global Age-Friendly Cities: A Guide.

5 Global Network of Age-Friendly Cities.

果的展場中，臺灣參展攤位的國旗擺放在明顯的位置，直到大
會結束。

2014年高齡友善相關指標皆已納入全國各縣市相關局處
的政策，尤其傳統的農業縣與鄉鎮面對青壯年人口外移，地區
公共服務資源分散，更需要及早因應。政府對於各種民間互助
社團以及社區營造團體提供輔導與資源挹注，可以讓「健康老
化」透過民間力量就地發展。

這八件事情先做好

依據WHO之定義，所謂高齡友善城市，意指「一個具有
包容性及可及性的都市環境，並能促進活躍老化的城市」，以
八大面向為基礎[6]，作為各城市推動高齡友善城市的參考[7]。

1. 無礙：公共空間與設施皆須符合無障礙標準，減少軟
   體與硬體的障礙。
2. 暢行：鼓勵高齡者常常出門走動，提供搭車優惠、有
   便利的大眾運輸或個別接送機制。
3. 安居：社區提供適合不同失能程度的住所與服務，結
   合志工，提供送餐和家事服務。

6　衛生福利部國民健康署「高齡友善城市」網站「輔導資料」，
　　「高齡友善城市指南摘要」。
7　分別為：無障礙與安全的公共空間（無礙）、大眾運輸（暢
　　行）、住宅（安居）、社會參與（親老）、敬老與社會融入（敬
　　老）、工作與志願服務（不老）、通訊與資訊（連通）、社區及
　　健康服務（康健）。

4. 親老：各種服務與活動便於高齡者參與，位置便利、收費合理、鼓勵親友陪同參加。

5. 敬老：提倡敬老文化與增進「跨世代」互動，鼓勵業界發展各種服務和產品，創造「高齡經濟」。

6. 不老：支持高齡者持續就業維持穩定生活作息，參加志願服務以維繫社交關係。

7. 連通：主動提供各種重要資訊給高齡者，透過資訊的方便性以確保他們與社會連結。

8. 康健：提供各種社會服務、休閒娛樂、運動保健活動、講座或健檢服務等。

二、高齡城市的空間對策

當城市中的高齡者比例超過20%，表示有五分之一的市民需要的居住空間型態已經呈現巨大的轉變，整個城市人口的「平均身體機能」下降，對於居住與生活的空間的需求也改變了。

先說高齡市民人生「比較後面階段」的對策，2017年臺灣「長照十年計畫」上路，對衰弱與失能高齡者的扶養與照顧的資源提高，方式更多元。地方政府廣爲布建三種類型的場所：1.社區整合型服務中心、2.複合型服務中心、3.巷弄長照站等。提供從支持家庭、居家、社區到住宿式照顧的多元連續服務，普及照顧服務體系，提升長期照顧需求者與照顧者的生活品質。

高齡居不易

　　在進入長照體系之前，高齡者的居住環境面對什麼問題？高齡化城市的住宅課題牽涉層面最廣，老舊市區沒有電梯的公寓對高齡者來說，上下樓梯都是個問題；透過都市更新改建的速度緩慢，真的進入都更程序時，因為預期地價房價都會在蓋好新房子之後上漲，許多都更案例原住戶須再付出高價金額才能回住。

　　對於經濟弱勢或是退休後「重啟生活目標」的高齡者來說，需要的是可負擔的居住空間，同時又可以維持一定的社交關係與生活品質。從個人經濟能力來看，位於金字塔中下層的市民需要政府建立良好法令與財稅環境，有利於促進民間企業投資。對於經濟能力可以負擔的高齡者，提供多樣化高品質的選擇，促成民間高齡經濟的運轉；如此一來政府財務支援可以聚焦在經濟弱勢者的需求之上。

養生住宅與養生園區

　　養生園區為大規模開闢的集合住宅群，選定非都市計劃區土地成本低廉地區，建造低密度住宅群再以室內廊道連接，以維護安全與方便管理。

　　這種建築群內有餐廳、運動設施等空間，戶外有休憩園區、菜園等，提供入住者高品質的田園生活。當然這些資源也反應在入住者交付的租金或押金。

　　比較靠近都市地區，則採單棟大型複合建築，靠近公園或是開放的校園，直接將公共設施納入住戶的日常生活圈之中，這些建築的低樓層為住戶共用的設施。

以上兩者的投資規模都很高，就商業利益角度來看，獲益模式可透過押金當作企業投資財源，或是出售單元以包租代管的方式獲利。

　　在大城市中則依照經營者土地房舍產權，有單棟或是單層的養生住宅，多半為舊建築改建或裝修而成，位於市區的養生住宅個人空間或公共空間較小，相對比較便宜。對市民來說可以在自己原有的生活圈中找到可以落腳的新家。

　　養生住宅大多透過商業進行公開招收住戶，有些由少數志同道合的親友覓地合建，也有社團或是宗教團體集體購買郊區集合住宅，形成互助型住宅與生活圈，這一類型的養生住宅，住戶之間的社會關係比較具有基礎。

持續性照顧社區

　　2020年出現一種新的型態稱爲「共生宅」，相較於大規模的養生村或園區，這種類型的高齡出租宅的財務計畫更爲靈活。首先由民間公司向政府承租土地，再透過銀行信託貸款興建住商混合式的建築，低樓層招集其他商業以合夥或分租的模式經營，並且與醫療機構或護理之家合作，形成「持續性照顧機制」。

　　其次，地點選擇在交通便利地區，對於住戶與親友來說具有便利性。進駐商店的選擇依照地區與住戶的消費特性，因地制宜，商店同時提供對外服務維持生意活絡。

　　這種類型的企業與商業模式在日本行之有年，二十多年前臺灣曾經有企業進行研究，當時的規劃即是民間集資成立基金會，向國家長租土地，透過銀行融資建設硬體並籌組經營團隊，這種模式對於中小規模財團的投資誘因較高。對開發公司來說，投資或經營良好品質的高齡出租宅，帶動高齡經濟效應，翻轉鄰避設施的印象，可以提高周邊土地價值，這也是誘因之所在。

　　當位於大城市甚至風景區的出租宅達一定數量與規模時，有條件發展成居住者在租賃契約中進行「換屋」的機制，提供國內度假型短住選項。如果再進行國際加盟，對於部分可負擔的人來說，提供跨國短住機會。

　　對於「省吃惜用」的人來說，可根據服務內容挑選經濟型的項目，可以擴大出租宅提供服務的對象。在個人經濟能力光譜最底端的市民，再由政府社會福利機制進行協助，如此一來讓市民與投資方都受益，政府資源可以更有效運用。

跟年輕人做鄰居

除了各種類型的出租住宅，高齡者可以跟誰做鄰居也是重要課題。國外高齡「青銀共居」的模式[8]也在臺灣各大城市研議中。

這個模式是讓年輕與高齡者居住在同一棟或同一層，分享共同空間以提高交流的機會；這種關係並非建立在「服務」，而是向朋友一樣的「伙伴」。青銀共居模式可以同時滿足高齡者的居住與「有人陪伴」的需求，也可以讓離鄉青年在異地有「家的感覺」。

只要是共同居住，就需要克服各種生活習慣差異的課題，就算只是聊聊天，同住者的人格特質也扮演成敗的重要因素。這種計畫需要對於參與者投資觀察與輔導的成本，當計畫的案量具備一定規模之後，將有機會降低對個案投資的輔導成本。

高齡者的居住課題是社會與空間的，也是經濟的。需要進行在地化的策略是透過社區營造的模式，由民間組織或社區團體進行人、住宅與社區資源之間的媒合。

■關鍵搜尋：友善空間（Friendly Space），通用設計（Universal Design），高齡友善城市（Aged Friendly Cities），長期照顧十年計畫2.0
■本地參訪：日照機構，高齡出租住宅與園區

8　2013年荷蘭Humanitas Deventer、2015年德國Essen的Geku-Haus。

第
15
講

健康與安全城市

　　從生物學的角度來看，過度發展耗盡資源導致崩壞，舊的死去、新的發芽是生命的常態。當這個常態受到人們集體性的愚蠢與自大所操弄，貧富差距與社會壓力導致治安惡化，當死亡的大過於新生的，人類的悲慘世界將在道路前方不遠處。

　　這個單元介紹另一股強大的自省力量，人們想要讓城市更健康，社區更安全。

一、城市健康，人健康

伴隨著城市形成與規模成長，城裡人健康課題也逐漸受到重視，集體居住可以提高群體的存活率，這是在自然界的生存法則。但是，維持群體生活也需要付出代價，當小聚落發展成大都會，各種生活必需品的運補、超量生活廢棄物的危害、為了追求經濟發展造成環境品質低落等問題，這些現象都會造成城市居住一事，越來越不容易。

國際健康城市

1984年WHO提出「健康城市」的概念，主要理念為「使民眾增進其控制及促進健康的能力的過程，其原則強調應重視社區環境的改善、培育民眾的能力與權力、激勵社區的參與及有效的投入，以維護及促進社區的健康。」

Hancock及Duhl（1986）認為健康城市是指：「居民具有一定的共識，想去改善與健康有關的環境，而非單只居民的健康達到某一特定水準。」

WHO健康促進的五大策略[9]包括：1.訂定健康的公共政策，2.創造支持性的環境，3.強化社區的行動力，4.發展個人的技能，5.調整健康服務取向。

WHO健康城市計畫的特徵如下：1.健康是社會事務，而不只是醫療事務。2.健康是都市中所有部門的責任。3.健康應受自然科學、社會、美學和環境專業領域的人所監督。4.健康是社區居民參與及公私部門合作的表現。

9　1986年渥太華健康促進憲章。

1986年起全球展開「健康城市計畫」運動，正式於11個歐洲城市推動健康促進活動，迄今全球已超過4,000個城市推動健康城市計畫。臺灣自1999年開始推動「社區健康營造計畫」，2005年起臺南市為首，各縣市政府相關單位陸續加入西太平洋健康城市聯盟，目前是該聯盟中相當活躍的成員。

生態與永續城市

　　生態城市（eco-cities）也稱為永續城市（sustainable cities），兩個名詞常常混用，但仔細探究其理念的根源仍有差距。生態的觀點一改以人類主宰世界的觀點，典型的說法是「人類滅亡了不會影響地球生態，但蜜蜂滅絕卻會造成植物無法繁衍」。

　　永續的觀點是一種「人類得以持續發展」的概念，人類在社會、經濟、環境三個面向取得比較好的關係。舉例來說，人們都不出門會影響家庭與社會關係，風景區建設可提高經濟收益，如果大家都去風景區會對環境造成衝擊；這三個議題需要有效地管理，以達到平衡。

這兩者共同的理念是：城市必須盡可能降低對於能源、水或食物等必需品的需求量，也盡可能降低廢熱、二氧化碳、甲烷與廢水的排放。永續的城市規劃有許多重要課題，例如：

1. 利用在地資源發展自給型在地經濟。
2. 發展再生能源，力求達到「淨零排放」。
3. 減緩自然資源的耗用，並保育受損之環境。
4. 發展在地農業，減少糧食運送旅程。
5. 簡樸的生活，減低物質需求對環境的衝擊。

人與單車的城市

汽車在大城市橫衝直撞六、七十年，1960年代珍雅各是提倡對於建設反思的先行者，Jan Gehl在丹麥首都哥本哈根進行市中心改造運動，將商業區繁忙的街道改為禁止汽車進入的徒步街區，道路設計回歸以行人優先的考量，製造汽車通行障礙，這種方式後來在歐洲許多城市實施。

在二十世紀兩次「石油危機」（1973與1979年）之後，人們將塵封多年的單車重新推出，成為個人交通載具。2010年哥本哈根調查市民騎單車上下班的比例為50%，走路為13%，搭大眾交通工具為13%，開車為24%。如今這種比例在歐陸各大城市已是常態。荷蘭城市Houten更是將汽車控制在市區外環道進入住宅之後的停車場，市中心將近三平方公里的範圍只供行人與單車通行，自詡為「單車城」。

除了街道通行的限制，歐洲許多城市透過對於汽車價格、燃料稅金、保險、停車空間與費用等機制的設定，讓人們選擇走路、騎單車或是搭乘大眾運輸工具。

　　再以巴塞隆納為例，2016年實施行人優先的超級街廓[10]，將九個正方形街廓視為一個大街廓，公車、貨車或外地汽車只能從大街廓的四周通行，區域內僅允許居民以及緊急救援車輛行經。

---

10 位於 Eixample 區的新超級街廓計畫（Source: Ajuntament de Barcelona 官方網站）。

回顧臺灣城市交通史，1995-2020年間人口增加220萬，增加10%[11]；同一段時間汽車增加219%，機車增加198%[12]，交通建設需求的成長十分可觀。

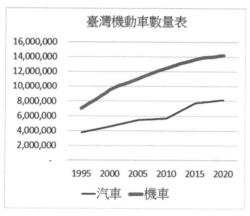

圖6-2

　　臺灣城市交通自從1996年木柵捷運線通車以來，行人優先的都市街道再次復興，營建署在2008年提出「市區既有道路人本環境改善計畫」相關辦法，包括騎樓人行道整平、巷道劃設行人專用道、機車退出騎樓、增設單車專用道等等措施。

11　1995年21,357,431人，2020年23,561,236人。國家發展委員會，人口推估查詢系統。

12　1995-2020年間汽車數量從3,740,836到8,193,237，增加2.19倍。機車數量從7,113,343到14,103,763，增加1.98倍。資料來源：政府資料開放平臺。

2009年出租公共單車（YouBike）在臺北市試行，目前在臺灣各大城市都有出租公共單車系統。捷運路網在臺北與新北最為成熟，桃園、高雄、臺中、臺南也陸續建置，更有效的回應城市的健康與友善課題。

二、安全的城市

　　安全是城市的古老課題，早期港口邊生意繁忙的街道引起外人覬覦入港上街搶奪，有些地方鎮民在街上加蓋屋頂，遇到外人進來街上鬧事搶劫的時候，鎮民團勇可以從屋頂上伏擊退敵[13]。鄉里間各社群為了爭奪灌溉水源或肥沃土地進行械鬥，經典案例是客家「圓樓」，蓋得像小城堡一樣，就是為了預防不懷好意者來打劫。

　　在和平的年代要留意的事情是預防犯罪與社區安全，從城市規劃的角度來看有兩個重要的理論，一是防衛空間，二是破窗效應。

---

13 淡水位於捷運站旁的光明街，早年是面對河港繁華的米街，為了防範搶匪，在街道上方搭建屋頂，街道氛圍與街名形成對比。

好的空間具有防衛功能

「防衛空間」（Defensible Space）是1970年代奧斯卡紐曼（O. Newman）提出有關預防犯罪和社區安全的理論，對於建築和環境設計在增加或減少犯罪方面的分析具有重要的影響。

他的經典研究是關於紐約公營住宅的犯罪率，他發現和較低矮的公營住宅相比，高層公寓樓的犯罪率更高。他指出這是因為居民認為自己無法掌控這麼多人居住的區域，或對它沒有個人責任。紐曼的研究對於解釋關於社區設計的社會控制、犯罪預防和公眾健康方面的理論與方法有重要影響。

壞人走進來，走不出去

紐曼定義防禦空間是「一種居住環境，其物理特徵（建築布局和場地平面）可讓居民自身成為確保其安全的關鍵人物。」[14]如果居民有意擔當這一角色，住宅社區是可防禦的。紐曼認為防禦空間是一種「社會物理現象」，「社會和物質」都是空間可以成功防禦犯罪的元素。

防衛空間的核心理念是可以透過環境設計控制和減少犯罪，當人們對社區的一部分擁有歸屬感和責任感時，該區域就更安全。當一個區域中處處都有所歸屬而且有人照顧的時候，「罪犯會保持距離，因為他的地盤沒了」[15]。如果入侵者感受到自己進入一個高度警戒中的社區，他就會感到無法肆意作為。

防衛城市的理論應用在美國住宅區犯罪問題上發揮實質的作用，有些社區為了避免從高速公路上下來的外車進入，購買毒品或進行其他犯罪行為，刻意將社區原來的格子狀道路阻斷改為囊底路，讓有意犯罪的外來車輛很容易迷路，賣家不想到社區做生意，街頭犯罪行為自然就降低了。

---

14 《創造防禦空間的設計準則》（*Design Guidelines for Creating Defensible Space*）。

15 Newman, 1966.

防衛空間的研究證明「透過空間的規劃可以預防犯罪，維護安全」，臺灣警政單位將這個概念使用在地化語言，稱為「治安風水師」，用在判斷容易遭到罪犯侵入的空間以便及早防治。

破掉的窗戶代表什麼

「破窗效應」（Broken-windows thoery）是由犯罪心理學界的J. Wilson與G. Kelling在1982年提出的，這個理論的主要觀點是：如果忽視微小的過錯、秩序不良好的環境卻不去處理，將會引來更多的混亂，讓警務和行政執行變得更加困難；如果放任不良現象無限擴張，犯罪發生的可能性更高。

這個理論有個經典的實驗，實驗者將一輛汽車停放在治安高危險區，經過一陣子之後卻沒有犯罪的事情發生；於是，實驗者將該汽車的一個輪胎拆除後再繼續觀察，結果該輛汽車在數小時內車窗被打破、車內音響被拔除，四個輪胎都被拆除偷走了！

這理論在上個世紀90年代被紐約市長引用，當作「強力警務」的依據，針對公共空間任何有犯罪嫌疑的人事物進行盤查與預防性管控，讓後來的十幾年間紐約市治安大幅改善。但是，其負面效應就是造成對種族歧視、警察暴力、侵犯人權的質疑。

針對因為強力執法造成失序的情況，G. Kelling與C. Coles在1996年提出「修補破窗效應」。認為執法者應盡早識別並且留意和控制高危險群，保護守法的青少年，促進居民參與維持公眾治安，協調社區內不同的團體處理治安問題。這可說是對於紐約市當時針對任何可疑的人事物，進行強力掃蕩而遭到質疑的做法，提供一種更細膩、補充式的論述。

三、城市的韌性

二十一世紀幾次全球性傳染病席捲世界各大城市，各種病毒爆發的頻率變高，影響的規模變大[16]。

氣候變化包含地球暖化、聖嬰現象、沙漠化、極端氣候等。一般的自然災害如地震、颱風、水災、土石流、暴雨雪等。極端氣候產生毀滅性的力量，2011年「311」大海嘯衝擊日本東北海岸引發核電廠汙染危機，這些事件引起的災害，不只是個別城市或國家的問題，全球都受到影響。

---

16 2003年SARS，2009年H1N1，2012年MERS，2014年伊波拉病
　毒，2019年至2022年未止的COVID-19。

人為的災害方面，則有跨國恐怖主義進行認知戰、隨機或蓄意殺人、炸彈攻擊、金融網路攻擊等。2001年「911」恐怖主義團體炸毀紐約市雙子星大樓，即是令世界震驚的恐怖行動。

二十一世紀城市存亡面臨諸多新挑戰，需要找到更好的理論與方法。

掌握資訊，建立韌性

城市的防疫存在「迭代」的特性，每一次的結果都是下一次的初始點，遭到疫情衝擊的社會，不容易「回到原貌」，必須要尋找每一次疫情的「後疫情時代」。

現代都市對於防災議題不再執著於「滴水不漏」式的全面封鎖，而是強調有效管理；畢竟管理需要成本，各種管理手段可能限制市民自由與城市經濟。

對於1.自然和人為，2.突發性和長期性的災害，不論是預期和未預期到的都要進行評估、計畫並採取行動，建立對災害「事先預防」與「積極應對」的都市規劃。

「韌性理論」建立在都市作為高度「複雜適應系統」的概念之上。將城市規劃從基於「空間幾何關係」的傳統方法加入以「資訊科學」為基礎的、對都市日常運作介入「更少」及「更輕」的方法。

從臺灣COVID-19防疫的經驗可以看出，資訊科學提供了一種將複雜疫情現象與都市日常運轉機制連繫起來的方法，成為可以隨著變動中的疫情進行回應，協調資源以及對市民生活進行不同強度管理的判斷。

這種想定是災害衝擊一定會來，關鍵是衝擊會有多深，回復的時間會有多長？必須事先準備不被擊潰，以便在承接衝擊之後，可以逐步回復。

同時，在這個理性的科學模型之外，需要面對民眾恐慌下造成對防災腳步的牽絆，以及政治對手看到機會做出的拉扯動作。這些因素的管理回應，以及持續建立市民共同對災害的集體意識，也是建構城市韌性成敗的關鍵。

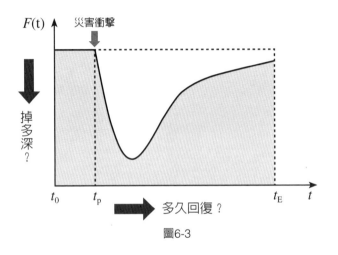

圖6-3

臺灣的現在進行式

建立城市的韌性需要四個基礎，一是正確的價值理念，二是有效的城市治理，三是可負擔的經濟發展，四是自覺的市民。加強城市「韌性體質」過程中，這四個條件與面向的同步啟動可說缺一不可。最後，舉幾個例子來檢視過去三十年來臺灣作了什麼準備。

1999年九二一大地震開啓臺灣強化「都市防災」與「社區防災」的重要里程，目前國家建立「災害潛勢地圖」[17]，可以搜尋各地區過去曾發生災害，或未來有較高的致災機會的資訊。

　　2003年SARS衝擊讓臺灣及早建立預警與防疫系統，民團也推動「社區防疫」的理念；十七年後的COVID-19席捲全球，臺灣卻能有效降低疫情的影響，成爲全球各大城市防疫的重要指標。

　　爲了加速舊市區都市更新，《都市更新條例》經過幾次大修，加上2017年《都市危險及老舊建築物加速重建條例》等法，對於都市計劃區的「危老」建築提供快速重建的管道；2021年高雄老舊商辦大火，政府立法強制舊大樓成立管委會加強消防安檢。

　　韌性的理論與對策也可應用在對抗惡鄰侵擾，2022年俄國侵略烏克蘭，讓全世界了解世界和平的寶貴，並見證烏克蘭人如何善用智慧科技發展「不對稱作戰」抵抗巨人，保衛自己的城市，亦可當作韌性理論眞實應證之一，這也是臺灣的現代進行式。

■關鍵搜尋：健康城市（Healthy Cities），生態城市（Eco-Cities），永續城市（Sustainable Cities），都市防災（Urban Disaster Prevention），城市韌性（City Resilience）

17　國家災害防救科技中心，3D災害潛勢地圖。

第
16
講

數位與智慧城市

　　這個單元介紹城市規劃的新興科技，這些科技跟其他時代的科技一樣，具有令人期待又擔心受傷害的臨界危機。面對城市迫切又難纏的問題，常常是「沒有更好」的選擇下「最可接受」的選項。

　　二十一世紀人類社會面對的許多問題都沒有前例，舉例來說，高齡化社會對於照顧需求的量與品質要求都大為提升；少子化社會人力短缺導致公共服務型態必須進行變革；全球性疫情導致型態轉變，居家、遠距與自動化需求提高；城市需要更好的韌性來因應交通、能源與災害的挑戰。人們更加依賴科技，但也對科技抱持懷疑的態度。

一、智慧的世紀

當年福特汽車建立汽車生產線之初，雖然提高效率，但是仍然需要大量人力上線，當這些線上人力作業內容開始被「機器手臂」取代，透過「自動化」的製程可以減少人力並提高產能。

早期自動化的概念是人造的機器像人一樣，可以自動地完成設定好的工作。要達到這樣的目的，需要不會累的「人工手」、不會痠的「人工腳」，還要有可以做出正確判斷的「人工頭腦」。

現代科技的自動化不只是在汽車上栓螺絲，或是搬運物品，自動化設備也不一定是機械設備。高速電腦可以在軟體控制下「自動」完成一系列的工作，就像一群智慧超高、效率超好的專家一樣。

人工智慧

二十一世紀的高科技首推「人工智慧」（AI），這種智慧指的是人製造的機器所表現出來的智慧，通常高度依賴電腦運算來呈現的技術。人工智慧不見得有一個長得像人的機器人，也不會用人類的聲音對話，而是因應各種情境需求的科技，舉幾個例來說，小一點的是攜帶型感應晶片，再大一點的是檢查柏油道路的智慧車，更大的是城市的防救災系統。

人工智慧雖然以人類「自然智慧」為雛型，加上各種新科技所創造出來的，其實現與應用早已超越當下人類能力所及的境界，不但可以取代部分人類的工作，而且能有更好的表現。

人工智慧結合各領域最新科技之後，人們看待城市的態度再度面臨大翻轉，也因為AI科技無所不在，城市生活所依賴的各種系統（交通、供水、能源、金融、健康、居住、貿易、製造等）逐漸被網路科技替換與整合，城市空間治理與服務的內容都跟著改變。

以數位化提高設備的智慧

　　智慧裝置的普及下，末端使用者行為的資訊透過數據化取得已不是難事。越來越多的業種直接或間接在作業流程上產生改變，從製造產品開發輔助、網路商務應用、知識教育推廣，及服務雲端化等。在數位化支持的虛擬城市中，服務與生活可以跨越時間、空間以及物理條件的限制。

　　以日本為例，面對高齡者獨居比例偏高問題，開發「數位陪伴」產品，居住環境透過設備智慧化，便利各種資訊雙向互動，「數位照顧軟體」與「具數位支援的硬體」可以協助高齡者提升自我照顧的能力。

　　COVID-19疫情管制期間，產業與服務業都面臨人力不足的壓力，生產線上各級人力資源（從勞動力、中層作業者到管理者等）都面臨新挑戰，需要思考如何使用數位科技來面對未來職場的挑戰。首先調整的是工作流程與內容，更有效率地培養「複合技術能力者」，至於重複性高的作業內容則透過「流程自動化」轉型，以及「數位化」技術導入作為銜接與適應期的整合[18]。

18　江碩濤，2022。

便利的數位化環境，也衝擊傳統的城市運作方式，新興技術的快速更新，取代了過去的城市經驗，但這還是有效率與品質的權衡，舉例來說，工讀生學會使用機器沖咖啡只要很短的時間，很快就可以上線接單作業；只是真的要喝好咖啡還是要到小咖啡店由老闆手沖，這兩者間關於品質、時間、價格與成本的取捨就是必要的代價。

發展數位城市並不會將實體的城市變不見，而是讓部分功能被虛擬城市取代，在虛擬城市中有許多新的經驗與功能是實體城市所無法做到的。

二、智慧城市

2008年IBM提出「智慧地球」的概念，提倡將新一代資訊科技充分運用在各行各業之中。這個概念結合健康永續與高齡友善等重要課題，發展為「智慧城市」的理念與策略。

「智慧」的理念是透過新一代資訊科技的應用使人類能以更加即時、精細和動態的方式，管理生產和生活的狀態，供電系統、供水系統、交通系統、建築物和油氣管道等。生產生活系統的各種物體中都有「感測」或「監控」機制，透過高速運算的「超級電腦」和「雲端運算」將網路整合起來。

這一理念被世界各國所接納，並作為應對金融海嘯的經濟消增點的運算機制，期待發展智慧城市有助於促進都市經濟、社會與環境、資源協調永續發展。

智慧城市做哪些事

高漢（Boyd Cohen）提出智慧城市的應用六大面向，已成為國際智慧城市發展的重要參考[19]：

1. 環境：智慧建築，能源及資源管理，都市規劃。
2. 交通：多元的智慧交通方式，乾淨、永續能源的綠色交通，智慧交通大數據應用。
3. 生活：健康醫療與衛生，社會安全，文化與幸福感。
4. 市民：智慧教育，種族多樣性、包容性，公共事務參與率，市民創造力。
5. 政府：數位便民服務，數位基礎設施普及程度，公開資料及數位政府透明度。
6. 經濟：創新與機會，產業生產力，在地與國際連結。

城市資訊平臺

每個城市因應自己的課題導入智慧科技，例如：「智慧農業」、「智慧防汛」等等。如果都市中要新蓋一棟建築，可以在城市的圖資中讀取環境鄰棟建築、交通資訊、災害潛勢與物理環境等相關資訊，可以即時研判進行對應規劃設計的調整，如此有利建築、環評、都更與都市相關審議流程與品質。

目前已經有許多國家的城市進行建置，透過數位孿生城市（Digital Twin City）系統進行整合。

---

19 引自許鈺屏，未來城市Future City@天下。

評量一個城市的城市資訊平臺是否具備「數位孿生城市」的條件，可用以下四個向度：1.主體，2.應用範圍，3.發布格式，4.資料應用更新率。品質優質的平臺具備級別高、範圍廣、格式開放、更新頻率高等特質[20]。以下介紹江碩濤（2022）整理六個國家的城市資訊平臺，看一下他山之石的最新發展。

1. 韓國Virtual Seoul，2021年公開3.0版。由國家主導，內容包含3D城市模型、實際應用案例、BIM模型導入實際應用案例等，為開源軟體格式（open source）基礎下製作而成。

2. 新加坡Virtual Singapore，2020年公開。為學術級模型主導，公共建築的3D模型，包含幾何資訊與參數資訊（geometry data/parameter data），為開源軟體格式（open source）基礎下製作而成。

3. 日本Plateau，2022年3月公開。東京都主導的基礎建設競賽。3D城市模型可即時更新與下載，應用範圍在智慧交通、智慧能源與智慧防災，為開源軟體格式（open source）基礎下製作而成。

4. 芬蘭Helsinki 3D，2018年公開。城市級主導模型。內容包含實際應用案例、IFC/City GML各式轉換技術之研究、外部應用程式開發：氣候能源應用程式（Energy ADE）等，為開源軟體格式（open source）基礎下製作而成。

---

20 江碩濤，2022。

5. 瑞典CityGML Sve Test，2015年完成，未對外公開發布，僅供學術研究單位測試使用。為學術級主導模型。研究範圍主要為：各種3D數位格式轉換研究，資料庫矩陣（data service mapping）測試，建築Architecture 與土木Civil 資訊整合於3D GML平臺，為開源軟體格式（open source）基礎下製作而成。

6. 英國Manchester 3D，2019年舉辦，目前已關閉。為國家主導的開放競圖（competition），內容重點：智慧城市的數據應用，模型格式轉換流程與應用成果，城市編碼標準（city standard code）制定，為開源軟體格式（open source）基礎下製作而成。

三、智慧的未來

　　臺灣承接公共工程的廠商都需要提交「建築資訊模型」（BIM），這個系統具備產品開發與管理的強大功能，將建築或工程資訊數位化，透過數位技術支持進行建築生命週期管理。

　　不過，資料不等於智慧，就算蒐集了全國公共工程的BIM檔案，真正要運用的時候卻因為資料格式不相容，或檔案爆量而產生障礙，無法整合作為下一階段智慧判讀的依據。

　　臺灣版的城市資訊平臺何時可以建立？數位化之後，企業利潤的透明性提高，個人隱私性下降，不論訴諸「國家隊」、「城市隊」或「學術隊」都需要先發揮「人」的智慧，城市治理不需要更多的口號或是更多的國際認證。

根據Green[21]的研究指出，數位科技無法創造新的城市，政府的制度革新才是重點；技術與非技術部門合作，建立良好的法規、技術與經濟環境，如此才能務實地從最基礎的問題下手。廠商才有意願投資，社會得以發展。

政府的眼睛，市民的聲音

舉本書前面介紹過的路易十四為例，路燈照亮了巴黎的夜晚，但是也讓巴黎人感覺國王的眼睛一直在看著他們。智慧科技的隱憂，就是人民的隱私將無所遁形，極權政府用來掌控人民的言行，甚至進行思想管理。

就像路燈之於當時的巴黎夜晚，智慧科技提供現代城市各項公共服務。這在商業服務中早已存在多年，透過打折、集點或贈品等誘因，讓人們選擇「加入會員」，每一次消費記錄都可讓公司透過大數據進行即時分析研判，尋找商業服務最佳化以及成本利潤管理的依據。商業交易是可以選擇的，並非生活之必需；店家也提供「不加入會員」以及「不被蒐集資訊」的選項。

但是，這種做法一旦由政府進行蒐集個資就容易出問題。政府對市民的個人足跡可以有效掌握，形同喬治·歐威爾小說《一九八四》中描述的「老大哥總是看著你」的恐怖情境。

極權國家透過CCTV或互動式無人機等，進行即時人臉偵測與辨識，有效掌握市民的動態。有些城市將不遵守交通規則

21　Green, 2020.

者的姓名、家世與照片直接公布在街頭街邊大螢幕上加以羞辱；更有甚者，對個人「電子錢包」與「社會信用」加以限制，政府濫用AI將會導致城市進入「反烏托邦」。

回到本書一開始的課題「城牆」，用隱喻來說，現代科技擔心的是駭客攻擊，一旦被病毒侵入，會導致檔案消失或是機房當機，網路城市與真實城市都會受到重擊。保護城市文明的是「防火牆」，然而，有高手可以蓋起防火牆，就有駭客可以找到漏洞。現代科技在網路上對戰，只要領先對方幾分鐘，甚至早一步按下Enter鍵，就可產生重大影響。

民主國家面對這些問題，需要建立良好的法令保障人民的隱私與自由，避免市民個資被轉換成商業利益，或是成為網路罪犯下手的目標。另一方面，極權國家築起網路高牆，人民只好「翻牆」呼吸牆外的自由空氣。

介於民主與極權國家之間，有一種國際駭客組織在二十一世紀初興起，在過去二十年間針對特定議題，號召國際駭客「阻斷」政府、宗教團體或企業網站，公民運動透過網路成為跨國行動。

智慧科技像一隻逃出盒子的怪獸，如何加以誘捕、馴化與共處，是城市急迫性的課題。

■ 關鍵搜尋：人工智慧（Artificial Intelligence），建築資訊模型（Building Information Modeling），數位智慧城市（Smart Cities with Digital Twins），喬治‧歐威爾（George Orwell）《一九八四》。

參考文獻

Alexander, C., Ishikawa, S. and Silverstein, M. (1977). *A Pattern Language: Towns, Buildings, Construction*. Oxford University Press.

Barker, E. (1958). *The Politics of Aristotle*. Oxford University Press.

Bell, Jonathan (2001). *Carchitecture: When the Car and the City Collide*. Birkaäuser.

Curtis, William J. R. (1982). *Modern Architecture Since 1900*. Phaidon.

DeJean, Joan（2014）。法式韻味（楊冀譯）。八旗文化。（原著書名：*The Essence of Style*，出版於2006年）。

Friedman, Thomas L.（2007）。世界是平的：一部二十一世紀簡史（楊振富、潘勛譯）。雅言文化。（原著書名：*The World Is Flat: A Brief History of the Twenty-first Century*，出版於2005年）。

Glaeser, Edward（2012）。城市的勝利（黃煜文譯）。時報出版。（原著書名：*Triumph of the City*，出版於2011年）。

Glass, R. (1964). London: aspects of change. MacGibbon & Kee.

Gosling, David and Maitland, Barry (1985). *Concepts of Urban Design*. St. Martin's Press.

Graham, Stephen（2020）。世界是垂直的（王志弘、高郁婷譯）。臉譜。（原著書名：*Vertical: The City from Satellites to Bunkers*，出版於2016年）。

Green, Ben（2020）。被科技綁架的智慧城市（廖亭雲譯）。行人。（原著書名：*The Smart Enough City: Putting Technology in Its Place to Reclaim Our Urban Future*，出版於2019年）。

Harvey, Willian（2007）。心血運動論（田名譯）。北京大學。（原著書名：*Exercitatio Anatomica de Motu Cordis et Sanguinis in Animalibus*，出版於1628年）。

Howard, E.（2011）。明日的田園城市。商務。（原著書名：*The Garden Cities of To-morrow*，出版於1902年）。

Jacob, Jane（2007）。偉大美國城市的誕生與死亡（吳鄭重譯）。聯經。（原著書名：*The Death and Life of Great American Cities*，出版於1961年）。

Jenks, M., Burton, E. and Williams, K. (1996). *The Compact City: A Sustainable Urban Form?*. Spon Press.

Johnson, Paul（2004）。文藝復興：從黑暗中誕生的黃金年代（譚鍾瑜譯）。左岸。（原著書名：*The Renaissance: A Short History*，出版於2000年）。

Kelling, George L. and Coles, Catherine M.（2011）。破窗效應：失序世界的關鍵影響力（陳智文譯）。商周。（原著書名：*Fixing Broken Windows*，出版於1996年）。

Kilroy, Roger (1984). *The Compleat Loo: A Lavatorial Miscellany*. Victor Gollancz Ltd.

Knox, P. L.（2019）。城市與設計（徐若玲、王志弘譯）。群學。（原著書名：*Cities and Design*，出版於2010年）。

Kotkin, Joel（2006）。城市的歷史（謝佩妏譯）。左岸文化。（原著書名：*The City: A Global History*，出版於2005年）。

Kurlansky, Mark (2004). *1968: The Year that Rocked the World*. Ballantine Books.

Lefaivre, Liane and Tzonis, Alexander (2003). *Critical Regionalism: Architecture and Identity in a Globalized World*. Prestel.

Lynch, Kevin (1987). *Good City Form*. MIT Press.

Lynch, Kevin（2014）。城市的意象（胡家璇譯）。遠流。（原著書名：*The Image of the City*，出版於1960年）。

McNeill, J. R. and McNeill, William H.（2007）。文明之網：無國界的人類進化史（張俊盛、林翠芬譯）。書林。（原著書名：*The Human Web: A Bird's-Eye View of World History*，出版於2003年）。

McNeill, William H.（1974）。歐洲歷史的塑造：從文化模式的相遇看歐洲文明的成長與擴張（劉景輝、林佩蓮譯）。時報文化。（原著書名：*The Shape of European History*，出版於1996年）。

Newman, Oscar (1966). *Creating Defensible Space*. DIANE Publishing.

Pomeranz, Kenneth and Topik, Steven（2012）。貿易打造的世界：社會、文化、世界經濟，從1400到現在（黃中憲譯）。如果。（原著書名：*The World that Trade Created: Society, Culture and the World Economy, 1400 to the Present*，出版於2006年）。

Said, Edward W.（1999）。東方主義（王淑燕等譯）。土緒。（原著書名：*Orientalism*，出版於1978年）。

Sennett, Richard（2003）。肉體與石頭：西方文明中的人類身體與城市（黃煜文譯）。麥田。（原著書名：*Flesh and Stone: The Body and the City in Western Civilization*，出版於1994年）。

Sennett, Richard（2020）。棲居：都市規劃的過去、現在與未來，如何打造開放城市，尋找居住平衡的新契機？（洪慧芳譯）。馬可孛羅。（原著書名：*Building and Dwelling: Ethics for the City*，出版於2018年）。

Smith, Monica L.（2021）。城市，演化，人。（吳凱琳、王年愷譯）。聯經。（原著書名：*The First 6,000 Years Cities*，出版於2019年）。

Thompson, Dorothy (1984). *The Chartists*. Pantheon.

Tuan, Yi-Fu（1998）。經驗透視中的空間和地方（潘桂成譯）。國立編譯館。（原著書名：*Space and Place: The Perspective of Experience*，出版於1977年）。

Tuan, Yi-Fu（2008）。恐懼：人類生活中無所不在的恐懼感（潘桂成、鄧伯宸、梁永安譯）。國立編譯館。（原著書名：*Landscape of Fear*，出版於1979年）。

Tuan, Yi-Fu（2014）。逃避主義：從恐懼到創造（周尚意、張春梅譯）。國立編譯館。（原著書名：*Escapism*，出版於2000年）。

Tzonis, Alexander (2001). *Le Corbusier: The Poetics of Machine and Metaphor*. Universe Publishing.

Van Loon, Hendrik Willem（2004）。人類的故事（劉海譯）。好讀。（原著書名：*The Story of Mankind*，出版於1921年）。

王受之（2003）。有機城市。藝術家。

王泰權（2014）。巫帝國藏在甲骨文裡。橡實文化。

江碩濤（2022）。國際智慧建築／城市發展趨勢。未出版。

庄林德、張京祥（2002）。中國城市發展與建設史。東南大學出版社。

杜正勝（1979）。周代城邦。聯經。

張光直（1983）。中國青銅時代。聯經。

陳錦昌（2004）。鄭成功的臺灣時代。向日葵文化。

傅朝卿（2009）。圖說西洋建築發展史話：跨越西方時空五千年的建築變遷。臺灣建築文化。

程佳惠（2004）。臺灣史上第一大博覽會：1935年魅力臺灣SHOW。
　　遠流。

黃仁宇（1994）。萬曆十五年。臺灣食貨。

黃智偉（2011）。省道臺一線的故事。如果。

廖世璋（2016）。都市設計應用理論與都市設計原理。詹氏書局。

鄭晃二（2002）。友善空間。田園城市。

鄭晃二（2020）。建築設計這樣做。五南。

鄭晃二、陳亮全（1999）。社區動力遊戲。遠流。

藍弋丰（2012）。橡皮推翻了滿清。秀威。

蘇碩斌（2010）。看不見與看得見的臺北。群學。

城市手記

城市手記

城市手記

國家圖書館出版品預行編目(CIP)資料

改變城市的設計思考 / 鄭晃二著. -- 二版.
-- 臺北市 ： 五南圖書出版股份有限公司,
2024.11
 面 ； 公分
ISBN 978-626-393-838-0(平裝)

1.CST: 都市 2.CST: 都市地理學

545.107   113015090

1Y2Q

改變城市的設計思考
（第二版）

作　　者 — 鄭晃二

企劃主編 — 張毓芬

責任編輯 — 唐　筠

文字校對 — 許馨尹　黃志誠

封面設計 — 姚孝慈

出 版 者 — 五南圖書出版股份有限公司

發 行 人 — 楊榮川

總 經 理 — 楊士清

總 編 輯 — 楊秀麗

地　　址：106台北市大安區和平東路二段339號4

電　　話：(02)2705-5066　　傳　　真：(02)2706-6

網　　址：https://www.wunan.com.tw

電子郵件：wunan@wunan.com.tw

劃撥帳號：01068953

戶　　名：五南圖書出版股份有限公司

法律顧問　林勝安律師

出版日期　2022 年 9 月初版一刷
　　　　　2024年11月二版一刷

定　　價　新臺幣500元